叱らない、ほめない、命じない。
あたらしいリーダー論

勇气的力量

"自我启发之父"阿德勒的领导课

[日] **岸见一郎** 小野田鹤◎著
宋瑶◎译

机械工业出版社
CHINA MACHINE PRESS

本书作者基于阿德勒心理学论述了作为领导者如何管理员工、如何管理团队，力求让领导者重拾管理的自信，消除上下级不健康的领导关系，和下属组建起和谐的团队。通过论述领导人的一系列烦恼，作者有针对性地利用阿德勒心理学来应对。本书认为领导者真正的职责，不是下指令管理下属，而是与下属建立互助合作的关系。不批评、不表扬下属，而应该单纯评价事情，好坏皆说明原因；肯定下属贡献，让其感受到自我价值，积极投入工作；尊重并信赖下属，与下属建立信任关系；根除职场中的竞争关系，让团队相互合作，追求整体正向发展。本书还有更多不同以往的领导方式，只要照着执行，无论你是新手主管，还是带人带到心很累的主管，都能轻松管理、让下属自动自发，带出高绩效的强团队！

SHIKARANAI HOMENAI MEIJINAI ATARASHII LEADER RON written by Ichiro Kishimi, Tazu Ono.

Copyright © 2021 by Ichiro Kishimi, Nikkei Business Publications, Inc.

All rights reserved.

Originally published in Japan by Nikkei Business Publications, Inc.

Simplified Chinese translation rights arranged with Nikkei Business Publications, Inc.

through Shanghai To-Asia Culture Co., Ltd.

北京市版权局著作权合同登记　图字：01-2022-3924 号。

图书在版编目（CIP）数据

勇气的力量："自我启发之父"阿德勒的领导课 /（日）岸见一郎，
（日）小野田鹤著；宋瑶译. —北京：机械工业出版社，2023.3
ISBN 978-7-111-72714-9

Ⅰ.①勇… Ⅱ.①岸… ②小… ③宋… Ⅲ.①企业领导学
Ⅳ.①F272.91

中国国家版本馆CIP数据核字（2023）第037290号

机械工业出版社（北京市百万庄大街22号　邮政编码100037）
策划编辑：坚喜斌　　　　　　责任编辑：坚喜斌　陈　洁
责任校对：丁梦卓　王　延　　责任印制：李　昂
北京中科印刷有限公司印刷
2023年5月第1版第1次印刷
170mm×242mm·16.75印张·1插页·203千字
标准书号：ISBN 978-7-111-72714-9
定价：55.00元

电话服务　　　　　　　　　网络服务
客服电话：010-88361066　　机 工 官 网：www.cmpbook.com
　　　　　010-88379833　　机 工 官 博：weibo.com/cmp1952
　　　　　010-68326294　　金 书 网：www.golden-book.com
封底无防伪标均为盗版　　机工教育服务网：www.cmpedu.com

推荐序一

中国呼唤新的领导哲学和行为

在百年未有之大变局背景下，中国呼唤新的领导哲学和行为！

当政策红利、土地红利、人口红利、全球化红利渐渐远去，中国社会和企业靠什么持续增长？靠什么继续赢？

理论家与实践者们，一方面直陈经济下行带来的挑战，一方面又指出中国持续增长的巨大潜力。问题在于，潜力在哪里、潜力如何变为现实？

充满乐观精神的观察者们早已指出，中国持续增长的动力，很大程度上来自旺盛的创新创业活力、来自管理红利的充分释放！

每年新增的大量创业者、创业企业、独角兽企业，体现了中国持续增长的动力和活力。这些创业者和企业得到了大量资源的加持：巨额资金投入、各级政府赋能、各类人才涌入都大大推动了中国的创新创业事业。

相比之下，企业管理红利的充分释放，即通过管理升级提升生产力和经营业绩，因其过程复杂、路径不明、周期过长、成果难测等原因，在很多企业都是雷声大雨点小，或者用力很猛但成效很差。愿意在管理升级上躬身入局，全力以赴、持之以恒、一抓到底、精准打击的企业领导者也不多见。因此，管理红利和组织潜力的充分挖掘，在中国企业中功夫不小、成效不大。

深度开发与挖掘管理红利与组织潜力，常常意味着系统性的组织变革与升级，更意味着各级领导者的转型与重塑。江山易改本性难移，其难度和可能的痛苦可想而知。

各级领导者的转型与重塑，难就难在认知上顽固的路径依赖、行为上根深蒂固的既有习惯。这种转型与重塑，没有系统性的干预、综合性的治理，缺乏多管齐下和软硬兼施的勇气与实践，是难以奏效的。

要想实现领导者的真正转型与重塑，首先要从管理和领导哲学开始，也就是从领导者的认知升级开始。

过去几十年，不少中国企业过度强调执行力，追求指哪打哪、极致执行的境界，很大程度上抑制了创新创造力。而管理红利和组织潜力的充分发掘，有赖于群体智慧、基层创新力的深度开发，需要的是执行力和创新力并举。

这一改变，意味着领导者认知与哲学的升级、上下级关系的重构。而本书以大量对话式的实例，为领导者提供了有关认知和行为的新视角、新原则。

本书基于著名心理学家阿德勒的理论，结合管理实践中大量的实际场景和案例，提出了独特的领导哲学和行为指引。

本书提出，"领导和下属之间是平等的"。这种说法听起来并没什么了不起，我们本来就认为人与人之间在人格上是平等的，我们的老板也不能依靠职位颐指气使、高人一等。但在实际生活中，我们见多了官大一级压死人。有多少人在心理上、在行为上会真正感到自己和老板、或者自己与下属是平起平坐的呢?

本书除了在理念上提出上下级是平等的及所谓的"民主领导力",还在行为上提出了具体的主张和原则:

- 不要批评下属。
- 不要表扬下属。
- 不要命令下属。

如果真要做到这三点,也许大部分的领导者都不知道怎么说话、如何做事了。

过去几十年,占主导地位的中国企业领导风格还是强势的、命令式的、极度追求执行的。当然,一味强势很难走远,因此很多强势的领导者在强势高压的行为之外,加了一点点温柔,可以说是恩威并用、软硬兼施。这种所谓严厉之爱(tough love)的领导风格,与我们平时常说的家长式的领导行为比较相似。

之所以家长式的领导行为和风格大行其道,与我们根深蒂固的等级观念和文化关系密切。我们的很多管理者都拥有指哪打哪的期望及居高临下、简单粗暴的行为习惯。

如果不能在思想上、理念上重构上下级关系,就无法产生所谓教练式的领导、民主式的领导、伙伴式的领导、谦逊式的领导;如果还是以等级体系、自上而下的方式去领导团队,就很难塑造出真正的创新型的组织和团队。

管理之术、领导行为固然重要,但更重要的是内心的理念与哲学:

你作为领导者，究竟是如何看待下属的，究竟是如何定义上下级关系的，究竟是怎样看待自己作为领导者的价值的？本书为我们重新认识上下级关系、重构上下级关系提供了新版本、新思路。

在具体的领导行为方面，我曾在《深度领导力》一书中提到过合益集团（Hay Group）提出的六种领导风格，我把它们称为"六脉神剑"：指令型、愿景型、亲和型、民主型、领跑型、教练型。我提出这"六脉神剑"有的锋利，有的柔韧；有的关注短期，有的重视长期；有的关注成事，有的在意造人。重要的不在于使用哪一把剑，而是领导者能否随需而变、有机组合，这样才能达到刚柔并济、恩威并用、阴阳融合、游刃有余的境界！

而本书不仅提出上下平等、官兵平等的民主领导力，还特别提出"不批评下属、不表扬下属、不命令下属"的领导行为三原则，这让我多少有点惊讶。如果我们不能根据场景和需要，该表扬时就表扬、该批评时则批评、该命令时就命令，那我们怎么做领导呢？

事实上，在复杂的人性面前，我们永远难以一招致胜。任何看起来离经叛道、匪夷所思的想法、理念和建议，都可能让我们脑洞大开、触碰未来。从这个角度看，上下平等的"民主领导力"提供了一个打破等级制度、挑战强势领导风格、促进主动自发创新创造行为和氛围的角度和原则。这样说来，本书有助于推动我们思考并重构领导哲学和行为，推动并促进创新创造组织和社会的建设。

陈玮

北大汇丰商学院管理实践教授、创新创业中心主任

推荐序二

把自己活成一座灯塔

21世纪的一大变化就是管理者所扮演的角色和任务发生了改变。如果我们还在用传统的管理理念去做管理，一定会被时代所淘汰。

马克思曾指出，人的本质是一切社会关系的总和。那么，社会的本质则是全体社会关系的总和。因此，人与人的关系是社会的最基本组成单位。而管理者和被管理者的关系，则是其中一个重要组成单位。能不能把这个关系研究透彻，决定了我们能否适应未来的时代。

读完本书，我最大的感受就是，我们必须从传统的管理理念中解脱出来，也必须从传统的人与人的关系中解脱出来，因为社会最大的变化是人变得更加独立了，社会的进步导致每一个人都是独立的一分子，每个人都具有独立的意志。而在之前很多时候，我们都没有把他人当成独立的个体去对待，太喜欢用命令的话语、反复的强调、强权的压迫等方法。从现在开始，这些都将被扔进历史的垃圾桶。管理者必须抛弃那种居高临下的姿态。

这个时代进步的重要特征之一，就是每个人存在的社会价值开始得到尊重，这是非常令人欣喜的，也是人类文明进步的重大标志之一。在之前，很多人的存在是为了完成公司或者组织给的任务，因此只需机械性地重复，并不需要得到尊重和理解，也不需要有太多自己的想法。而现在，每个人都将具备独立意志，在这种情况之下我们该如何做好管理？

就好像本书作者强调的"领导和下属是平等的""领导力的新标准是'民主领导力'""拿着鞭子的老师"等理念。领导的重心不再是管理，而是赋能；不再是压制，而是激发。领导者不再是一个亲力亲为的带头人，反而成了一个在舞台下面不断给大家鼓掌的观众，只是在什么时候鼓掌、用多大的力气鼓掌、采用什么样的节奏等都应很有讲究。

让被管理者找到自己存在的价值，有了价值感才有幸福感，这个观点也符合马克思的另外一个观点：未来劳动是一种需求，人们劳动不再是为了一日三餐，而是为了寻找自己生活的意义。这也是管理者的真正使命：激发被管理者对于美好生活的向往，协助他们自我成长及价值的创造。

过去，衡量一个人的价值，是看他被打磨的成本是多少，不需要他有多少想法，只需要他很容易被管理和使用，人只不过是大机器上的一个零部件。而现在，衡量一个人的价值，是看他的个性和特长究竟有多出众，太需要他有自己的想法，他要能挣脱框架的束缚，善于各种创新。

过去：我不需要知道自己是谁，我只要按照命令去做事。

现在：我是谁并不重要，重要的是我能发挥多大作用。

未来：我究竟是谁？我能为世界创造什么？

中国经济的上一波红利是"人口红利"，是按人头算的；下一波红利很大程度上是"人心红利"，管理者必须将被管理者内心深处的热爱和兴趣激发出来，从而实现更大的社会价值，这是未来管理者的天然使命，也是一个非常神圣的使命。

在未来的社会，衡量任何一段关系是否为健康的关系，就看在这段关系里弱势的一方能不能做自己，并且逐渐成长为最优秀的自己，而不是依附于强势的一方。让弱势的一方获得成长，最终大家构建成一种协作关系，是强势的一方最了不起的使命，也是管理的本质。

世界上最长的路就是寻找自己的路。一个真正好的管理者是帮助被管理者成为自己，管理者的最高境界就是把自己活成一座灯塔，照亮被管理者人生的道路。

水木然

畅销书作者

序 言

"当领导可太痛苦了！"

"我才不要当领导呢！"

如今说这些话的人似乎越来越多了。如果谁都不想当领导的话，一个组织还怎么正常运转呢？

但是，身为阿德勒心理学研究专家和哲学家的岸见一郎先生，理解并肯定了"当领导很痛苦""不想当领导"等想法。

原因在于，虽然当领导是一件很有意义的事，但这件事做起来的确很难。知道某件事很困难，并因此产生了退缩的情绪，是非常正常的。所以，比起那些将当领导视作"出人头地"、因为当上领导而欣喜若狂的人，犹豫是否该进入管理岗位的人反而更容易成为好领导。

作为"人生导师"的岸见一郎先生，在持有这种观点的基础上，开始为各种各样走上管理之路的职场人答疑解惑。本书正是由他们的对话记录汇编而成。

我们经常会见到以下几种烦恼：

• 到目前为止，我的工作表现还算不错，因此被晋升到了管理岗位。
  可是一想到今后能否胜任新的角色，我就会感到十分不安。
• 作为领导，我说的话、做的事会不会在不经意间伤害到下属呢？
• 下属们个性不一：有些是不负责任的年轻人，有些则是不听话的

"老油条"。我该如何发挥他们各自的优势，为公司创造价值呢？

• 要实现高管们派下来的业绩目标，我是不是要扮演一个强迫下属
  工作、让他们陷入焦灼状态的领导呢？

• 我会不会被其他致力于晋升的同事或 领导"挤压"呢？

我认为这些是许多管理者经常会遇到的问题，可是我并不认为有一
套足以应对上述问题的统一指南。人类具有多样性，如何活用多样性是
组织今后经常要面临的课题，所以上述问题也会以千姿百态的形式出现
在大家的日常工作中。

如果非得说本书有一套方法论的话，那么这是一套出自 "哲学家"
的方法论。

这里必须要先说一个重要的前提：领导和下属是平等的。

"领导"和"下属"只是两个不同的角色，大家的人际关系是平等的。

可能有人会对"下属"这个词产生不适感。"下属"这种措辞一看
就是以上下级关系为前提的，口口声声主张平等关系，却使用了"领导"
和 "下属"这样的说法，难道不是很奇怪吗？

对于这样的疑问，我从一位企业高管那里得到了这样的解答："领导"
这个词其实与职位关系不大，它指代的是有领导能力并且充满热情的人。
如果领导是这样的存在，那就不能用"下属"一词来指代与之共事的伙伴
们。真把自己的团队成员当"下属"的人，往往不能成为优秀的领导者。

我深有同感。只是在编写本书的过程中，我看到很多领导者向岸见
一郎先生倾诉自己的困惑。即使他们抱着开放的心态，想要和下属建立

平等的关系，但上下级观念已经在很多地区和组织里根深蒂固，人们的意识和习惯一时之间难以更改。为了表述真实情况，本书依然会采用"领导"和"下属"这样的措辞。倘若今后社会整体环境朝着人与人之间更平等的方向发展的话，这样的措辞也会自然而然地发生变化。

言归正传，为了真正做到"领导和下属之间是平等的"，岸见一郎先生主张以下三个原则：

- 不要批评下属。
- 不要表扬下属。
- 不要命令下属。

我想很多人会对以上主张表示怀疑。

不批评、不表扬、不命令，这样还算是领导吗？况且，如果不批评、不表扬、不命令下属的话，那领导也没什么别的事要做了吧？这真的是给领导者的建议吗？

相反，也有人对此毫不惊讶。

岸见一郎先生的主张与最近几年管理学中的"仆人式领导""授权""心理安全性"等热门概念所要求的理想领导形象和企业管理方法并不冲突（这一点详见本书的后续内容）。

实际上，很多人在岸见一郎先生的建议下解开了领导力方面的困惑，后来得以进入企业管理层。也有很多人干脆自己去创业了。

如果你想知道他们是如何解开心结的，那么不如读读这本书吧。在本书的第一部分，我们针对现任领导者在日常工作中遇到的各种困惑，将岸见一郎先生的回答加以总结,列入其中。第二部分则是先生与三位创业者的对话。

在此之前,对于认为"当领导很痛苦""不想当领导"的人,岸见一郎先生也有一些自己的考察和建议。

为什么当领导是一件痛苦的事?

在现代企业中,领导要发挥以下作用:打造一种环境或氛围,让团队成员发挥创造性,并且能在工作中感受到自己的价值和生命的意义。

岸见一郎先生认为,在现代企业中,如果有人产生了"不想当领导""当领导太痛苦,想放弃晋升为领导"之类的想法,原因可能有以下两种:

一种情况是,在成为领导之前,他们的工作就已经够辛苦了。

另一种情况是,在成为领导之前,他们已经感受到了工作的价值,并为此感到幸福和满足,从而担心成为领导之后会失去这一切。

先说第一种情况。岸见一郎先生认为,只有通过奉献自己、投入工作,才能收获幸福感。觉得自己"对某某来说是有用的",是一种幸福感。更进一步来说,不仅仅是工作,所有的幸福感都是从奉献中产生的,这是阿德勒心理学的主张。通过奉献而从工作中获得的幸福感,也可被说成是"工作动力"或"工作价值"。

如果作为下属时没有体会到工作价值，感到很痛苦，那就不会有成为领导的欲望。

因为领导的工作明显比下属的工作更难。

首先，想要"营造一个能让下属发挥创造性的环境"这件事，就要比作为下属发挥自己的创造性难得多。并且领导总是需要在任何时刻做出"理性判断"，但是很多问题根本无法理性解决。可是，在没有正确答案的时刻迅速做出理性判断，正是领导要发挥的作用。岸见一郎先生认为，如果这种时刻没有做好理性判断，那领导就必须承认自己能力不足，要有让出位置的觉悟。

这真是一项需要承担巨大责任的艰难工作。

所以仔细想一想，本来作为下属，工作就已经很辛苦了，如果还要做比这更辛苦的工作，那还是算了吧。如果只剩下工资上涨这一个好处，那么"不出人头地也罢"。

职业发展和家庭幸福一定是冲突的吗？

岸见一郎先生还指出，那些"在成为领导之前工作就很辛苦，所以不想成为领导"的人，可能会抱有以下误解。

人生中难道不是有很多比工作更重要的东西吗？

比如家庭、恋爱、兴趣等事情都比工作重要得多。他们认为，只有放弃职业发展上的努力，才能收获这些生活中的幸福，因此才不想承担更辛苦的工作。

岸见一郎先生认为，确实有很多东西比工作更重要。

直截了当地说，那就是幸福。

但是，只要努力发展事业就得放弃生活中的幸福的想法绝对是一种误解。事业发展和生活幸福并不冲突，前提是你得改变自己对工作的看法。

那么，如何改变自己对工作的看法呢？

"专注于奉献。"

"专注于奉献"是管理学大师彼得·德鲁克心中的企业发展良方。

但是，作为阿德勒心理学研究专家的岸见一郎先生认为，个人幸福一样离不开"专注于奉献"。

阿德勒心理学指出，认为自己没有价值的人是不会幸福的。而且通常人们觉得自己有价值的时候，正是自己做出了某种奉献的时候。典型的例子就是，当有人和你说"谢谢"时，你心里会产生喜悦之情。

被别人道谢当然会高兴，但即使别人不说"谢谢"，只要自己觉得"我正在奉献价值"，那就一定会产生幸福感——这就是阿德勒心理学的观点。

无论处于怎样残酷的环境中，你都可以奉献价值。这样不管人生处于何种境地，你都能体会到幸福（但是如果领导者认为自己的工作是在奉献价值，并以此为理由对下属做出残酷的事，这种想法就大错特错了）。

幸福就是，人生中所有时刻都该是幸福的

心理学家维克多·弗兰克尔在其著作《活出生命的意义》（*Man's Search for Meaning*）中记录了自己作为犹太人被囚禁在奥斯维辛集中营，并最终奇迹生还的经历，其中有这样一个小故事：

很多被囚禁在奥斯维辛集中营的人在当时都表达了强烈的自杀意愿，于是弗兰克尔尽自己所能为他们进行了心理疏导。其中有两例进展非常顺利，他们的情况也非常相似。

其中一位是自己深爱的孩子在国外等着他回去。

另一位是个学者，他当时正在写一本书，无论如何都想写完。

弗兰克尔指出，这两个人都能感觉到自己对其他人来说是"无法替代的存在"。因此，即使两个人当时身处那样严酷的环境之中，即使他们都产生了自杀的念头，但最终他们又都重新拾起对未来的希望。这可能是因为奉献而感受到幸福的终极形式吧。

回到工作的话题。无论遇到怎样的困难，如果你都能端正态度努力

工作，奉献出自己的价值，那么你终将体会到幸福。而且从现实角度考虑，工作占据了我们人生中的大部分时间，如果它只能让你痛苦，那么你的人生又会幸福到哪儿去呢？即使你希望逃避工作带来的痛苦，向家庭和恋爱寻求幸福，那也是很难实现的。

岸见一郎先生认为，幸福就是人生中所有时刻都该是幸福的。

工作现场存在着触手可及的"幸福"

我们再来谈谈另一种情况：在成为领导之前就已经感受到了工作的价值，担心成为领导后反而失去这一切，因而才不想成为领导。

例如："不想成为教导主任和校长"的老师们会担心自己失去与孩子直接接触的机会；"不想成为店长"的餐厅服务人员会担心自己失去和顾客直接交流的机会。

在很多情况下，工作现场都会让你直接感受到真实的"价值感"：近在眼前的学生们的笑容、顾客对你说的"谢谢"，他们会让你切实体会到自己正在奉献价值，这种幸福感是不可替代的。而领导的工作和一线工作相去甚远，你可能会觉得领导者很难感受到工作本身的价值感和幸福感，所以自然而然地失去了成为管理者的欲望。

岸见一郎先生认为，这也是一种误解。

如果你能从工作现场感受到价值感和幸福感的话，那么成为领导之后也一样能感受到。当角色转变为领导之后，你的工作内容也会发生改变。比如在教育领域，你的工作会从"培养孩子"变成"培养孩子们的老师，打造一个能让他们发挥活力和创造性的工作环境"。所以，"工作价值"的本质是相同的，你可以为"打造环境"这个新的工作奉献自己的力量，并从中体会到价值感和幸福感。

如果你依然认为这很难做到的话，那么或许是因为你之前没有遇到过"好榜样"。

岸见一郎先生认为，如果你之前的领导不仅没能打造一个让你发挥活力和创造性的工作环境，甚至作为下属的你还经常受到他的职权骚扰，那么"成为管理者"就等同于"成为自己之前讨厌的那种人"，这当然会让你难以找到价值感。

但是，真的都是这样的领导吗？也有"不是这种领导"的情况吧？

对于正在阅读本书的你来说，谁是值得尊敬的领导呢？连一个人都想不起来吗？

也许你的那位领导业绩喜人，进入了高管行列；也可能他并没有在工作上取得什么突出的进展，甚至在组织内部的竞争中失去了自己的阵营。即便如此，在面对你时，他依然致力于成为这样的领导：不把你当作下属，不把你当成"能随时牺牲掉的棋子"，承认你是"无可替代的存在"。仔细想想的话，你总能想起一两个这样的领导吧？

正因为有这样的领导存在，我们才能在工作现场体会到幸福。

　　岸见一郎先生认为，如果能明白这个道理，不管成为管理者对你来说是必然的还是偶然的，你都可以在理解领导工作难处的基础上，让自己承担这个角色，成为一个好领导。而你一样也会奉献价值并感受到幸福。

　　另外，岸见一郎先生认为，没有必要总把自己之前的领导当成参照对象。与过去那些职权骚扰型的领导不同，探索更好的领导模式，展现一个新的领导形象，是成为领导之后的你应当承担的责任。并且如果你真的明白幸福的本质，在成为领导之后，你一样能从这个身份中体会到幸福。

　　当然，你可能认为这些都太过理想化了。

　　"他可是个哲学家呀，难道不会过于理想化吗？"在接触岸见一郎先生之前，我也会嘟囔类似的话。那就让我们回到起点，验证真相是否如此吧！

小野田鹤

目　录

推荐序一

推荐序二

序　言

第一部分
与没有自信的"年轻管理者"的对话

序　章　/ 002

第一章　职场中改善人际关系的表达方式与破坏人际关系的
　　　　表达方式 / 007

对话 1：没有自信的人才能成为好领导 / 008

对话 2：不批评、不表扬 / 016

对话 3：所谓的"批评"到底是什么？ / 021

对话 4："威压的态度"和"坚决的态度" / 025

对话 5：关于"加油"这句话 / 030

对话 6：一对一谈话时应该说点什么？ / 034

对话 7："表扬"和"给予勇气"是有区别的 / 037

对话 8：有时说不出"谢谢"怎么办？ / 040

对话 9：总有一些工作得不到感谢 / 043

第二章　面对不同个性的团队成员的方法 / 047

对话 10：相同的错误，为何总有人一犯再犯？ / 048

对话 11：截止日期马上就要到了怎么办？ / 057

对话 12：领导要看下属的脸色吗？ / 060

对话 13：管理者要有"被讨厌的勇气"吗？ / 065

对话 14：下属缺乏责任心，该怎么办？ / 072

对话 15：如何对待那些既顽固又比你年长的下属？ / 079

对话 16：接受公司业绩下滑的事实 / 091

对话 17：如何缓解居家办公的焦虑？ / 096

第三章　中层管理者的困境破解之法 / 105

对话 18：我的"野蛮"同事 / 106

对话 19：如何看待职场中的"站队"现象？ / 111

对话 20：如何获得职场中"拒绝应酬的勇气"？ / 116

对话 21：怎么对待那些滥用经费的人？ / 119

对话 22：被领导的一句"无心的话"伤到了，该怎么办？ / 122

对话 23：如何看待"你小子"这样的称呼和"职权骚扰

文化"？ / 126

第二部分
和想要改变世界的创业者们的对话

第四章　与 Cybozu 软件公司的社长青野庆久的对话（2020 年
7 月 3 日）：抱着"必死"的决心当了一年社长之后，
我学到了什么？ / 135

第五章　与"悠绿那"的社长出云充的对话（2020 年 7 月 17 日）：
即使有所忍耐，我也会向下属表达愤怒 / 171

第六章　与日本互联网公司 KAYAC 的 CEO 柳泽大辅的对话
（2020 年 7 月 7 日）：那些存在职权骚扰的企业，都
意外地更强大？ / 205

附录

　　附录 A　阿德勒心理学与哲学、管理学的关联 / 236

　　附录 B　心理安全性的前提是平等的人际关系 / 238

　　附录 C　生产效率与创造性 / 240

结语 / 242

01

第一部分

与没有自信的"年轻管理者"的对话

序　章

我觉得很困惑，并且在困惑的同时又按捺不住内心的激动。但我一想到未来的日子，心里的不安还是会多一些。

今天，我收到了公司的人事变动通知。从下个月开始，我将晋升为科长，带领一个由十几名员工组成的部门一起工作。到目前为止，这些人都是和我平级的同事，我真的会被他们当作"科长"吗？虽然内心有点骄傲，也有点害羞，但是一想到同事们，我还是有些担心：他们真的会把我当成一位领导来尊重吗？

我的晋升速度一定是偏慢的。在同期入职的三十名同事里，我差不多是第十几个，甚至是第二十几个晋升的。也就是说，我属于"中等偏下"的水平。现在很少见到同期的同事了，所以也不知道具体的排名，但我晋升比较慢这一点是没错的。

如果说对此毫不在意，那一定是骗人的，但我却硬是表现出了毫不在意的样子。如果这被认为是自尊心比较强的表现，那的确无法否认。

几年之前，我也遇到过同部门比我年轻的同事晋升为科长的情况。

那时我心里乱糟糟的，既不是惊讶，也不是嫉妒。我的心中好像出现了一个面目可憎的小丑，不断撩拨我的心弦，让我蠢蠢欲动，又让我烦恼不已。这种不可思议的感觉现在想起来还是记忆犹新——即使我已经走出来了。

如果非要和那个年轻后辈比较的话，我们的能力其实不相上下。从实际业绩出发，我们俩也是并列第一的状态。但是，领导却愿意将他提拔为科长。

我到底差在哪儿了呢？

我并不是个擅长社交的人，在接下来找工作的过程中处处碰壁，而且我觉得自己心理上也出现了一些问题。

还好那时候，大学的恩师给我介绍了一位研究哲学的先生（岸见一郎）。在那之后，我一边接受先生的指导，一边为复职做准备。经过一番努力之后，我终于拿到了内定[⊖]，也就是现在这家公司的工作岗位。

回想起来，曾经先于我晋升的那位后辈非常善于"讨好"领导。他会陪着领导一起打高尔夫球，经常与领导在吸烟室闲聊。而且他会趁着闲聊的间隙和领导探讨最近的工作难题，然后巧妙地得到来自领导的解决方法。我知道有很多年轻同事也非常欣赏他这方面的能力。可是，不打高尔夫球也不抽烟的我，怎么也做不到这些。况且，即使我真的会打高尔夫球、会抽烟，我也无法成为另一个他。关于这一点，我既敬佩他，又觉得他有点"狡猾"。但是，我凭什么这么评价他呢？这么一想又有点瞧不起自己，觉得非常烦躁。

"可能也跟孩子的事情有关系吧……" 深夜下班回家的路上，我也这么嘀咕过。

我们家的独生子刚上小学不久就遭到了同学的排挤。果然他很像我，

⊖ 日语中的"内定"指的是"已经内部决定录用"，相当于中文的"录用通知书"，英文的 Offer。——译者注

不太擅长和别人交往。虽说如此，他不是因为懦弱才被欺负的，他是想到什么就说什么、不太会察言观色的人。好像同学们非常讨厌儿子这一点。我后来才知道，儿子不仅被同班同学排挤在外，他的桌子上也经常被写上坏话。

"希望孩子不要受到社会常识和规范的束缚，能够自由自在地成长为会自己动脑思考的人。" 我们夫妇俩就是秉持着这样的理念来养育孩子的。但如果因此不能让孩子适应小学的集体环境的话，我心中又觉得愧疚万分。

儿子有着不服输的性格，此后有一段时间依然坚持上学，但不久就放弃了。在家里待了一段时间后，他终于将人生中第一次遭遇不公平待遇的愤怒发泄出来了。从此我们夫妇俩和他吵架的场面不计其数，家里各处都留下了"战争的痕迹"。

"好久不见了，去拜访一下先生吧。"这样的念头突然从脑海中浮现出来。

在为儿子的问题烦恼时，我再次拜访了在学生时代指导过我的先生。

经过一段时间的亲子咨询后，我和儿子都发生了一些变化。儿子现在在学校依然是个"怪人"，但他却过得非常开心。

但是，我是个没出息的人。

原本我也是一个对工作抱有一腔热情的人，但在处理亲子关系的那几年里，我无法像之前那样专注于工作。很显然，我不能让工作占据我太多时间，而且想办法调到了加班比较少的部门。我想这也和我晋升速度很慢有关系。

我本来也不是一个致力于出人头地的人。如果能维持一家三口的基本生活，并且能为自己目前的工作感到自豪，这样不就很好了吗？特别是解决儿子问题的那几年里，我就是这么想的。工作和生活平衡之后，我在部门的业绩表现也不差，甚至是数一数二的。

但是，我依然不是一个擅长社交的人。我不仅不会讨好领导，甚至连"提升情商"的念头都没有。"不如就像现在这样继续吧，不用出人头地，认真做好手头上的工作就好了。"

打定主意之后，我却突然收到了晋升通知。刚得到消息的时候，我的内心难以抑制地激动起来，这让我感到非常吃惊：难道我心里还残留着一些对出人头地的渴望吗？但我是个并不擅长社交的人呀，这样的我当了科长，会不会给同事们添麻烦呢？

"要不再去见见先生。"我再一次产生了这样的念头。

之前最后一次向先生咨询时，他的生活也发生了很大的变化。先生的一本著作成了世界范围内的畅销书，演讲邀约也从世界各地纷至沓来。

他正在定义领导力的新标准，好像称之为"民主领导力"。于是我也有机会第一次拜读了他的领导力著作，然后被吓了一跳。

- 领导和下属是平等的。
- 不要批评下属。
- 不要表扬下属。
- 不要命令下属。

这样的理论也太有挑战性了吧！能对下属做到不批评、不表扬、不命令的人，还能胜任科长的工作吗？先生是个哲学家，会不会把现实看得过于理想化了呢？虽然是这么想的，但也确实有被这些理论吸引到的地方。

比如："'领导'和'下属'只是两个不同的角色，大家的人际关系是平等的。"这一点我深以为然。

在先生的帮助下，我明白"承认孩子也是一个独立的人""要和孩子建立平等关系"等理念是多么重要，我和儿子的关系居然奇迹般地变好了。注意，仅仅"把孩子当作平等的人来对待"，就能奇迹般地改善亲子关系。

如果在和下属的关系上做到这一点就能成为好领导的话，那么我也许会以自己的方式成为"好领导"。

所以，现在真的应该去拜访一下先生！

不知道先生是否还愿意接受我的咨询。但是不管怎样总要尝试一下，不然一定会后悔。我先尝试发一封邮件。当然，如果邮件地址有变，没有收到回复，那么我就寄信给先生；如果可以的话，我就去之前先生接受咨询的家里登门拜访；如果不巧先生搬家了，我就向他的邻居打听先生新的住址。总之，我现在十分想见先生一面。

……一个月以后，我决定再次登门拜访。

第一章

职场中改善人际关系的表达方式
与破坏人际关系的表达方式

对话 1：没有自信的人才能成为好领导

年轻管理者：先生，好久不见！

哲人：好久不见！你看起来状态不错。孩子最近还好吗？

年轻管理者：孩子后来总算继续上学了，现在已经成为中学生了。说起来，真的非常感谢先生那时对我的指导。

那个孩子有脾气暴躁的一面，我当时想的只是怎么控制他的脾气。但是向先生咨询之后才明白："孩子和大人是平等的。"在面对孩子时没有自信的人，或许更有可能成为优秀的家长。树立这种信念之后，我们的关系确实有了改善。当然，我那"居高临下"的家长姿态还是会时不时地冒出来，这时孩子总会毫不留情地指出我的问题。

对了，其实今天是有工作上的烦恼想要咨询先生。

哲人：遇到什么问题了？

年轻管理者：不知为什么，我一下子变成了公司的管理者。如您所知，我非常热爱我的工作，一直都希望自己能变得更专业，但对出人头地之类的事情就不感兴趣了。可是现在当了领导，我需要管人了。我可是那种天生不擅长交际的人，说实话，我没有自信能成为一个好领导。

哲人：原来是这样啊！可是，我认为太有自信的人反而难以成为好领导。

年轻管理者：啊？为什么呢？每当提起优秀的管理者，我总觉得他们都有领袖人物的超凡魅力，会向下属们发出指示，带领他们不断向前走……不就是这样自信十足的形象吗？

哲人：有自信的人，难免会有些自以为是。有时他们不愿听取别人的意见，尤其是下属的意见。他们认为自己说的话、做的事总是绝对正确的。

所以我认为，虽然不能让大家都变得没有自信，但能够经常反省自己、回顾自己的判断是否真的是"唯一正确选项"的领导，一定要比做不到这些的领导更加优秀。

年轻管理者：真的吗？我可不这么认为。如果作为领导的我没有自信的话，下属一定会觉得我"不靠谱"，那他们还会愿意跟着我工作吗？如果我是下属，我也不能容忍自己有一个缺乏自信的领导。果然还是那些"想成为领导""想比别人高一头"的人更适合做领导者。像我这样，心里总是有"不想成为领导"这种念头的人，想必根本就没有转变角色的觉悟。如果在当上领导后半途而废，也会给部门的小伙伴们造成麻烦。

哲人：其实很多人都和你有一样的想法。但你必须明白的是，不是想当领导的人就真的会成为领导，也并不是向往管理层就真的会进入管理层。即使自己不想，但必须要接受现状的情况比比皆是。

年轻管理者：是的，我也困惑于此。打心眼里不想当领导的人并不只有我一个，现在的年轻员工基本都是这样。在接到晋升为科长的内部通知后，我只高兴了一分钟。我仔细思考之后发现，虽然要承担领导的责任，但工资却没怎么上涨。而且我已经看到董事会和部长在我升职后布置的"难题"了，还有那些同期的同事没有升职后不甘心的样子……总之，我现在的心情很复杂。

哲人： 你知道古罗马皇帝马可·奥勒留吗？

年轻管理者： 名字听起来倒是挺熟悉的……他是"五贤帝"之一吧？开创了罗马帝国的全盛时期。

哲人： 是的。本来他想成为一名哲学家，但他接受了自己作为一个皇帝的命运，并全身心地致力于皇帝的工作中。如果奥勒留一出生就想当皇帝，那么他的帝国可能又是另一番样子了。

所以我认为，如果你在经历过各种各样的烦恼之后再接受领导者的角色的话，是可以成为优秀领导的。

年轻管理者： 即使不想当领导，也有不得不接受的时候。先生想劝我"接受命运"，对吧？

哲人： 但是现在的管理者真的很不容易啊！

年轻管理者： 虽然可能和刚才说的话有点矛盾，但在企业合并、职位有限的情况下，也有很多人为了出人头地而不择手段。可能我会被那些人嫉妒，也会被他们讨厌。

嗯……实际上我昨天才知道发生了这样的事：听说我晋升为科长之

后，有一位无法晋升、心里不太平衡的同期同事，向部门其他小伙伴散播关于我的谣言。先生您很清楚，我为孩子的事情烦恼的那段时间，不是希望调到加班少的部门嘛，他抓住这一点不放，说："那个人是工作和生活的平衡派，会把麻烦的事情全部交给别人，他当上领导之后一定很难搞！"更让人难以忍受的是，他居然还说了这样的话："那个人的孩子现在情绪极其不稳定，还是会经常发作，他现在根本没有心情投入工作吧？""让那样的人当科长，上面的人不知道是怎么想的！"

老实说，这些话真的伤到了我。如您所知，我并不是一个坚强的人。但我今后的身份是科长，是要承担责任的，怎么能让团队的小伙伴看到我烦恼的样子呢？可是，我心里确实会为此而痛苦啊！

哲人：我的看法是，那些十分想进入管理层，心心念念想当领导的人，反而不会成为什么好领导。就好比那些即使给别人跪下也要成为政治家的人，他们真的会成为好的政治家吗？即使不惜下跪也要出人头地的人，真的能成为称职的管理人员吗？

大家都希望我成为管理人员，推举我当社长。我犹豫着回答道："我可能不适合吧……我没有做领导的自信。"但我又转念一想："我不能只考虑自己的事情呀，现在就是有这样一份工作等着我去完成。"如果没有这样的觉悟，也是无法成为好领导的。

所以我认为，即使没有成为领导者的自信，你也完全没有必要为这件事感到痛苦。

年轻管理者：但是，我们公司里有很多"想出人头地的人"。我看过他们即使违背本心也要顺从和讨好领导的样子……所以，即使跪下也想讨好领导欢心的人大有人在。

可是对我来说,这样做就是扭曲自己本来的性格了,我一定会觉得非常痛苦。所以,我没有作为管理人员带团队的那份自信。

最近有很多年轻人以"专业通道"的晋升为志向,不想走"管理通道",或许也是受到了我们这一代人的影响吧。

但正如先生所说,这样的我成为领导之后,说不定能稍微改善团队和职场环境……尽管如此,我还是觉得有些烦恼。

哲人:"我不想成为那种人,所以干不了。"因为你一直都是这么想的,所以才会有现在的烦恼。

"不想勉强自己出人头地"等类似的话,想必会在组织中产生一些摩擦。即便如此,我还是认为,能说出这些话的人一定要存在。

年轻人在求职的时候会说自己"能够熟练应用 Word、Excel 等工具",把这些作为能和他人进行"交易"的价值来推销自己。但是他们不知道,这些能力的可替代性太强了。

那些说自己"能够熟练应用 Word、Excel 等工具"的年轻人,和"即使违背本心也要出人头地"的人,在本质上没有任何区别。

年轻管理者:"我可不能和那些钻营的人一样!"如果出现一位有这样想法的领导,年轻人的态度也会有所改变吧。

我的确也有这样的念头。如果您问我是讨厌工作还是喜欢工作,我的回答是"喜欢"。

所以，公司层面就不用说了，我们团队内部也有各种各样的项目和机遇。我想做好这些工作，也希望团队能够越来越好。

到目前为止，我见过很多习惯否定下属的领导。他们经常会说："总之按照我说的做就行了。"他们还会给下属制订不合理的工作目标，让团队成员身心俱疲。

下属们其实各有所长，但这些领导全然忽视了这一点。当然，下属也不是完美的，但我希望领导们能更多地看到下属的优点和长处，并以此来鼓励团队成员，激发他们的干劲儿，带出一个能做出成果的团队——对于过去共事过的领导们，我一直都想对他们这么说。

所以，如果自己真的当上了科长，为了让现在的团队变得更好，我其实想做很多事情。那些在公司中一直努力却一直都没有"被看见"的小伙伴们，我希望他们在我的带领下绽放光芒。可如果现在被问到如何将这些想法付之于行动的话，我其实毫无头绪。

哲人：听听你说话的语气："多看看下属的优点和长处""激发他们的力量和干劲儿"……这些话其实都是以上下级关系为前提的，你并没有把下属当做"平等的人"。

年轻管理者：啊，还真是这样啊！所谓"平等关系"在现实的职场中似乎真的很难实现。作为领导的我虽然带着善意说出"我想多看看你发挥自己的强项"，但在下属看来这就是一种"居高临下"的表现了吧？如果是我的领导这么跟我说话，我确实也会不太舒服。恐怕在无意识中，我已经无数次忽略"平等"这件事了。

哲人：不过，如果你真的致力于刚才你所说的成为领导之后想要实现的事，那么团队的精神面貌一定大有改观。而且，像你这样的领导不断增加的话，整个世界都会发生改变。

当下由于新冠肺炎疫情，很多企业的业务规模都缩减了。我一个朋友在一家公司的大阪分公司工作，前几天，我从他那里收到了一封邮件，上面说道："到目前为止，公司在大阪的工作已经全部被移交东京分公司，所以我昨天辞职了。"

辞职以后，他打算暂时休息一段时间，过一过"晴耕雨读"的日子。虽然现在离退休还早得很，但大环境不断变化，自己的人生也会随之改变。每当思考"自己到底为什么活着"这个问题时，答案肯定是"不会只为了工作而活"。

当然，他也不是不能继续工作。但他认为，如果不能从工作中体会到幸福，那么工作本身便失去了意义。

大约在十五年前，我差点死于心肌梗死。从那以后，我每天都得吃一种叫作"华法林"的抗凝药来维持生命。

最初从医生那里得知"到死之前每天都得吃这个药"的时候，我十分震惊。当然，我也没到停药就立马会死的地步。但如果要好好活下去，这个药就得一直吃。

即便如此，我也没觉得自己是"为了吃药而活着"。吃药能维持我的健康。我是为了健康和幸福而活着，而不是为了吃药而活着。

年轻管理者："不是只为了工作而活着。""幸福更重要。"

这样的话真是振聋发聩啊！我想包括我在内的很多人一定会忘记这些的。因为必须要赚钱，不工作不行，所以我们都在压抑自己的情绪，配合领导做好工作。

从开始工作到现在，大部分同事看起来都不太幸福。即使歪曲自己的信念和原则，也要"不择手段地获到结果"；如果事关自己的利益，那么欺骗客户也无所谓。心里想着"我可不想成为××那样的领导"，但依然会用类似的方式工作着。我觉得现在的职场与幸福毫无关系。

哲人：人不是为了工作而活着的，是为了幸福，工作也是这个目的。"我是不得已才工作的，真的很辛苦。""虽然天天都在上班，但是我觉得人生毫无意义。" 如果总是产生类似的念头，就说明你的工作方法尚待改进。

"领导都是工作狂。""他们活着有什么意义啊？难道只是为了看起来很痛苦吗？"如果领导在下属眼中都是这样的形象，那谁还愿意跟着他干活呢？所以反过来想想，领导应当给下属留下这样的印象："这个人怎么总是看起来这么开心呢？当领导是件很幸福的事情吗？"

年轻管理者：这些话真是戳中我了啊！其实，我是喜欢工作的。

我自己是一边享受一边工作的状态，所以觉得没什么问题。可是在看到周围同事的状态之后，我感到十分惊讶。

对话 2：不批评、不表扬

年轻管理者：以前，当我问起先生如何才能与孩子好好相处时，您的回答是："不批评、不表扬。"难道领导和下属之间也是如此吗？

哲人：没错。

年轻管理者：我是从先生这里明白，父母和孩子的关系是平等的。正因为我接受这样的观念，所以和孩子的关系也得到了改善。原来领导和下属的关系也要遵循这个观念啊！

哲人：我一直觉得领导和下属是平等的，领导不能用"权力"命令下属，而是通过"沟通"和下属建立合作关系——这才是领导本该有的样子。我将其称为"民主领导力"。

年轻管理者：但是也有人认为"批评"和"生气"是不同的。虽然领导不能有太多的负面情绪，但该批评下属的时候总归是要批评的。

现在这种行为常常被说成是"职权骚扰"，所以在批评下属的时候，我会尽量保持客气的语气。尽管如此，在下属犯错的时候，如果不明确地提出批评，这个错误就不能得到纠正，他们可能会再犯同样的错误。为了避免这种情况，该批评的时候还是要批评一下吧？

哲人：我认为批评本身就是一种错误的行为。

批评和生气这两件事在现实情况中是很难区分的。有人说："我没有生气，我只是在指出你的错误。"但人类真的做不到如此理性，在批评别人的时候，多少都会伴随着愤怒的情绪。所以从这个角度讲，批评和生气是一回事。

重要的事情是"找到替代生气的方法"。

最近"职权骚扰"成了流行词，像以前那样敢为所欲为的领导已经越来越少了。尽管如此，像你说的那样，现在认为该批评的时候就要批评的人大有人在。

批评是没有必要的。如果下属有亟待改善的地方，好好沟通就可以了。不能太急，要给彼此足够的时间。如果真的有需要紧急叫停的事项，传达客观事实和原因即可，没有必要感情用事。

年轻管理者：但是我们都是人呀，总会有控制不住发火的情况吧？先生说的话在理性上是可以理解的，可一旦付诸实践，难免会觉得自己的心理压力越来越大。长此以往，这种情况不仅对健康无益，也违背了先生"为了幸福而工作"的主张。我们到底该怎么办才好呢？

哲人：还记得吗，以前商量你家孩子的事情时，我说了很多有关阿尔弗雷德·阿德勒的故事。他曾和弗洛伊德一起研究心理学，但最后还是决定自立门户，开创了"个体心理学"体系。

年轻管理者：记得，先生长期研究古希腊哲学和阿德勒的个体心理学。受先生影响，我也从阿德勒心理学中受益匪浅。

哲人：阿德勒不承认"因为控制不住，所以发火了"这种情况。虽然有的人会说："我平时是个温柔敦厚的人，只是一时控制不住才感情用事。"但这基本是不可能的。

人类有瞬间判断自己所处情况的能力。例如在咖啡店，服务员把咖啡洒在你唯一一件还拿得出手的衬衫上，让你忍不住在店里大吼大叫。原因是你在那一瞬间判断："此时表现得情绪化一点才对自己有好处。为了让别人道歉，我必须要摆出愤怒的样子来。"因此你才会调动自己愤怒的情绪。

像上面说的那样，领导调动自己愤怒的情绪来训斥下属，在很大程度上也会触发年轻人的逆反心理。他们当然也知道自己没把事情做好，但同时也会觉得："我为什么非得按照你说的方法做呢？"所以，领导的本意是想让下属改进工作方法，实际上却让彼此的关系陷入僵局，今后这位领导可能会逐渐失去权威。

年轻管理者：嗯，的确如此。"这种事情不用你说我也知道！"我刚进入职场被领导批评时，也会暗自在心里咬牙切齿地抱怨类似的话。现在的孩子也会用类似的话表达自己的不满："别唠叨啦！我都知道的！"

但是，先生还强调"不表扬"，这比"不批评"的主张更让人困惑。不管怎么说，我们这一代人都被称为"被夸奖着长大"的一代。现在年轻的职场人会半开玩笑半认真地说："我是被表扬才会好好工作的类型哦！"有时他们会更直接地问："就不能多夸夸我吗？"

如果我因为努力工作且取得成果而被领导表扬的话，那一定是件令人高兴的事情。先生为什么要坚持"不表扬"这个主张呢?

哲人:表扬会带来两个问题。

第一个问题是员工们会渐渐变成"只为获得表扬而努力的人",下意识地选择那些能被领导表扬的工作来做。反过来说:"要是不能被表扬,我就什么都不做。"长此以往,在没有表扬的时候,他们可能会失去自己的判断力,无法自主行动。不管是育儿还是培养职场人,这都是很让人困扰的局面。

年轻管理者:这不就是"缺乏自主性"吗?确实,如果以被表扬为目的的话,"为了让自己成长而努力工作"的意识可能会变得淡薄。也就是说,我们可能会忘了原本"为了成为专业人士,要做更高水平的工作"的职业目标。这的确是个问题。

虽然如此,如果不表扬下属的话,他们会不会认为"那个领导根本就不关心我的工作成果""我没有得到正确的评价"呢?实际上这种情况经常会发生,这样也没关系吗?

哲人:刚才说表扬会带来两个问题,第二个问题就是"人际关系的构成"问题。表扬是纵向的,是上级对下级的夸奖。

例如,经常有父母带着孩子过来找我咨询。在父母接受咨询的时候,陪在一边的孩子如果能一直保持安静,父母就会称赞他们"表现得真好",但是他们不会用这句话来夸奖一起前来咨询的妻子或丈夫,因为在家长眼中,孩子和大人的关系不是平等的。而从孩子的角度出发,即使被称赞"表现得真好",他也不会高兴到哪里去吧。

年轻管理者：也就是说，表扬的前提是没有遵循平等关系。先生认为领导和下属是平等的，这一点我也有同感。

但是，既然我已经坐在了领导的位置上，和团队一起做出决策后，我真心希望小伙伴们能够好好执行。如果他们当中的某一个人产生了"我不喜欢这个决策，所以不想做"的念头，那不就乱套了吗？即便如此，先生依然觉得应该贯彻"平等关系"的原则吗？

哲人：是的。领导和下属只是角色不同，作为人都是平等的。不管是批评还是表扬，都是以上下级关系为前提的，所以我不认为批评或表扬是件好事。

在下属看来，只有确信自己和领导处于"平等关系"的时候，才敢知无不言、言无不尽，遇到失败也不会隐瞒，因为他知道自己可以和领导商量接下来的对策。反过来说，如果下属意识到自己和领导之间的关系并不平等，那么他可能会竭力掩盖自己的失败，因为害怕受到指责。

年轻管理者：啊，我明白了。这样"单打独斗"的同事，在职场中也会遇到很多困难吧！

哲人：是吧？

年轻管理者：所以结论是，如果领导和下属建立平等关系的话，下属会更容易提升工作能力和业绩，所以先生才会坚持不批评、不表扬的主张。

对话 3：所谓的"批评"到底是什么？

年轻管理者：先生，虽然我现能理解您提出不批评、不表扬这些主张的原因，但依然有不太清楚的地方。

哲人："不清楚"指的是什么？

年轻管理者：该怎么形容呢？比如，到底什么才叫"批评"呢？怎么去定义这种行为？

我觉得自己从来没有批评过后辈，即使现在已经成为管理者了，也很少有批评下属的情况。

当然我也会有生气的时候。但是，现在的年轻人基本是被表扬着长大的一代，所以不分青红皂白地批评他们可能会适得其反——我还是比较注意这一点的。

而且真的到了忍不住要批评的时候，我也会反思："是不是把自己的想法强加给他们了？下属会不会有被'逼迫'的感觉呢？"

哲人：能具体说说吗？

年轻管理者：有好几次，我都忍不住想对下属说："为什么连这样的事都弄不明白呢？"但这样的表达是不是有点过分了？说这些话的我可能没有想要训斥对方的意图，但听者会觉得自己挨骂了吧？

哲人：这样的事情的确很常见啊！

年轻管理者：就比如昨天，也发生了类似的事。我给部门的一个员工布置了一项工作，然后还特意嘱咐他说："这件事有点急，麻烦你抓紧时间。"其实那是个只要几分钟就可以完成的工作，但几个小时过去了，我也没有收到他的回复。最后，当我询问原因的时候，他竟然告诉我"还有别的事要做"。

"等我做完手头这件事之后再做你布置的那个工作。"但是，他说的那件事根本没那么急，你说我能不生气吗？我告诫他："我已经说过我的这件事比较急了，难道这种时候不应该把你正在做的事往后推，先做我刚才布置的紧急工作吗？"

虽然我觉得这不叫"批评"，但是看到对方萎靡不振的样子，我猜他会认为自己被领导批评了。

所以我不禁困惑，到底什么才叫"批评"呢？有判断的标准吗？这好像不是一两句话能说清楚的事情，在现实生活中也很难判断。

哲人：到底是不是批评，判断的权力应该在听者手里。你可以直接问下属："到目前为止，你觉得我在沟通上有什么做得不好的地方吗？有没有说过什么让你不舒服的话？"你要从下属那里得到反馈，这件事很重要。

年轻管理者：呃……就比如刚才举的那个例子，难道要在说完那样的话之后对下属说："啊，对不起。刚才我说的话让你难堪了吧？"虽然理性上可以理解，但真正实施起来还是会觉得压力很大啊！即便如此，先生还是认为要一边确认对方的心情，一边沟通吗？

哲人：现在重要的事情是，你要得到下属的反馈，然后根据他们的反馈进行调整。如果真的有人觉得自己被批评了，那你就要调整自己的说话方式；也可能有人不在意这些。总之，你要跟进他们的感受，做出接下来该如何行动的判断。

年轻管理者：看来说话方式这件事，需要投入很大的精力去面对啊！我真的能时时刻刻注意到这一点吗？虽然没有把握，但我会试着努力的。

哲人：的确很费精力，但如果不花费这样的精力，你就无法成为一个好领导。

年轻管理者：那么，当下属回答"是的，我的确觉得自己被你批评了"时，我可以反驳吗？"不，我没有要批评你的意思……"可以说这样的话吗？

哲人：是的，说出来反而没事。最可怕的情况是双方都不明说，却在彼此试探心意。

如果对方真的觉得被批评了，那你作为领导也要承认错误，表明自己接下来会注意说话方式。然后，你一定要询问对方，怎样改变才能让对方接受。

年轻管理者：听起来很难啊！他们真的愿意回答类似的问题吗？况且我的领导已经这样说我了："你也太顾虑下属的心情了吧？""该说清楚的地方就大胆说出来！"

哲人：如果你真心发问的话，多半会得到回答的。我经常问自己的孩子："你觉得我现在和你说话的方式有问题吗？你喜欢吗？"孩子则会回答说："我总觉得哪里不太对，我不太喜欢。"然后我会继续追问："那么，我该采取什么样的方式比较好呢？"孩子就会告诉我："像这样做就好啦……"他会跟我举例说明，如果采取怎样的沟通方式才不会觉得有压力，而且愿意听我说话。

年轻管理者：原来如此，果然要尝试一下才知道。

哲人：不过话说回来，这也是因人而异的，我们的确会遇到对方不愿回答的情况。虽然很费精力，但你也要注意一点，那就是不要有任何"绕弯子"的废话。

年轻管理者："绕弯子"的废话？

哲人：重点是要把自己最想说的话直接传达给对方，一定要抓住这一点。

年轻管理者："我现在布置给你的工作比较急，请优先做。"这样说就对了吗？

哲人：是的，这种时候不需要绕弯子。"我的音调是不是不能太高？不然会不会吓到下属呢？"类似这种下意识的考虑也是不必要的，集中精力将被传达的事项正确地传达出去，是优秀领导的必备素养。

年轻管理者：只会用权力压制，从而让下属服从命令的领导，是我做下属时非常看不起的。但是当自己成为领导以后，我又发现很多事确实比想象中要困难得多。我深刻地感受到，一定要多站在下属的角度替他们考虑，有问题一起面对才可以。

对话4："威压的态度"和"坚决的态度"

年轻管理者：先生，聊到现在已经说了很多关于表扬和批评的事情了，但我还有其他疑问。

哲人：请讲。

年轻管理者：在日常的职场沟通中，难免会发生"领导命令下属"的情况，先生为何强调"不命令"的主张呢？

哲人：你自己在实际工作中是怎样对下属发出工作指示的呢？

年轻管理者：我想想……基本上我都会说"拜托帮我把××做一下"之类的话。有时也会说："这件事是你擅长的领域吧？如果能帮我个忙就太好了。"

哲人：首先，"请求"和"命令"是不同的。

所谓"命令"，就是"对方不能说'不'"。从这个角度来说，"请把××做一下"也是一种命令，因为对方很难拒绝。

"拜托"则相反，是"给对方留下回绝余地"的表达方式。这里还可以细分为两种具体的形式：一个是疑问句："能帮我做一下××吗？"另一个是假设句："如果能帮我做一下××的话我会很高兴""如果

能帮我做一下 ×× 的话就太好了"。类似这样的表达方式能给对方留下拒绝的空间，也可以让对方说出心里想说的话。

年轻管理者：为什么要这样呢？既然有回绝的余地，他们还会听我说话吗？

哲人：因为通常在职场中，领导给下属布置工作是不会遭到拒绝的，不用命令的语气也没关系。但如果使用了命令的语气，下属虽然会执行命令，但在情感上还是会有一定抵触的。即使你是他们的领导，也要懂得留有余地。

年轻管理者：确实是这样啊！如果用疑问句和假设句来布置工作的话，对方听起来更舒服一些，那是因为他们觉得自己被平等对待了。

哲人：布置工作的时候，如果使用疑问句或假设句的话，双方都会比较轻松，工作也容易开展。但是也有很多人对此表示抵触："作为领导，有必要这么说话吗？""这难道不是给了下属不好好工作的机会吗？"我遇到过很多表达类似不满的领导。

年轻管理者：我倒是没有这样的抵触情绪。

哲人：年轻的领导比较容易接受这种理念，而年长的领导接受起来会很困难。

年轻管理者：这么说，至少我在心态上很年轻呀！居然有点开心呢！

哲人：女性领导也不太会有这样的抵触情绪。当然，我们不应该区别对待男性和女性，但借用阿德勒的话，那就是："不能模仿那些缺德的男性。"绝对不能学某些上了年纪的男性领导，他们总是想用威严和权势压制住下属。

"大家都是平等的人，没有必要让自己显得高人一等。"平时就这样想的人，在成为领导之后，更要继续保持这种心态。

刚当上领导的人可能会问我："是否要改变一直以来和同事的相处模式呢？比如措辞上再威严一些？"我的回答是："完全没有必要。"领导和下属只是不同的角色而已，在人际关系上大家都是平等的。即使现在角色稍微改变了一点，那也没必要采用威压的措辞。

年轻管理者：但是，下属们对待工作总要有点紧张感吧。如果我采取了这样的语气，虽然不一定是前几天那种着急的工作，但下属会不会误以为我布置的工作根本就不着急呢？甚至接下来，我的话会不会被逐渐轻视？他们会不会想："他布置的事情看来都没有很急嘛。""感觉不用太努力也是可以的。"有了类似的念头，他们的工作效率一定会下降，本应取得的成果也无法取得了。

哲人：没有必要使用威压的语气，也就是说别带有强烈的感情色彩。而且"威压的态度"和"坚决的态度"是不同的。

年轻管理者：是的，但是这两者很难区分啊！它们到底有什么不同呢？

哲人：所谓"威压的态度"，就是不仅仅是当事人，连周围的人看了也觉得可怕的态度。

之前有一次乘坐电车，有个女孩子——看起来像是个大学生——的手机铃声突然响了起来，声音非常大。然后她又旁若无人地接通电话，和对方起劲儿地聊天。这时，旁边一位四十多岁的男性乘客突然睁开眼睛，大吼道："你不知道在电车内打电话是很失礼的行为吗？！"当时我正在一旁查看手机新收到的邮件，没有发出任何声音。但听到这句怒吼，我还是下意识地把手机收了起来，因为被他的样子吓到了。

这就是"威压的态度"。即使自己不是当事人，在听到使用威压的语气的话后，也会觉得和当事人一起挨骂了。

年轻管理者：要是这么说的话，旁观者见到职权骚扰的场面时也会跟着心跳加速的。

我想起来之前有一次，当时的领导让一位前辈把工作报告重写了好多遍。那位前辈四十多岁，工作能力很强，算是团队的中坚力量。我看过他的报告，怎么看都觉得已经写得很好了。但是不知道那位领导对前辈有何不满，总是让他反复修改无关紧要的细节。

作为局外人的我为什么会知道这些呢？因为用邮件交流修改细节时，领导把所有相关人员都放在了"抄送"中。而且像是故意的一样，这位领导非要在周末的深夜发送重写报告的邮件。作为旁观者的我，现在想起这些事情依然觉得脊背发凉。

这样的职权骚扰当然不对，但即使是正常的工作布置，也要用能让团队成员接受的方式来传达才可以。

哲人：的确如此。领导不可以用这样威压的态度对下属进行职权骚扰。

但是从另一个角度来说，我们也必须采取坚决的态度。

就比如刚才在电车里的那个例子，那位大叔其实不用怒吼，只需要提示一下就可以了。当然，我可能根本就没注意到那个女生正在打电话，但如果真的被她影响到了，只要轻声提醒一下："在电车里这样打电话可能会打扰到别人。"这样说就可以了，不用带着那么强烈的情绪。

再举一个例子。有一次我乘坐特快列车出行，对号入座之后，我看见一个乘客在这节车厢的不同座位之间辗转，一会儿坐下，一会儿又起来，而且浑身酒气。这时乘务员正好走了过来。当我还在好奇他会如何应对时，他却非常镇定地开口说道："您好，我是日本海号特快列车的乘务员。其他的乘客都是买票上车的，但是您好像没有，是吗？那么要麻烦您尽快下车。"他说这些话的时候，语气中几乎听不到什么感情色彩。之后，虽然车厢很拥挤，但那位无票的乘客依然在下一站老老实实地下车了。那位乘务员是一位年轻的男性，我旁边的女乘客忍不住赞叹道："他可真帅啊！"所以你看，旁观者不会感到害怕，这就是"坚决的态度"。

年轻管理者：也就是说，坚定地说出自己该说的话就行了。而且"坚决的态度"和"威压的态度"完全不同，旁观者不仅不会害怕，而且还会敬佩。我希望我也能做到这一点。

对话 5：关于"加油"这句话

年轻管理者：话说回来，先生，我之前经常会对年轻的职场人说"加油"。有一次对团队的小伙伴说完"加油"之后，其中一个过来对我说："请不要这么随便地和别人说加油。" 从此之后我开始反思，并不是所有人都喜欢听"加油"这句话。

哲人：的确有能被"加油"这句话鼓励到的人，但仅限于自身内心比较强大的那些人。对于一般人来说，"加油"这句话并不会成为他们勇气的来源。

年轻管理者："勇气的来源"吗？

哲人：我之前一直强调"不批评""不表扬"，你是不是很想问我："那我还能做什么？"

年轻管理者：是这样的！我确实一直想问这个问题。如果既不能批评也不能表扬，那我作为领导还能做什么呢？总不能什么都不做吧？

哲人：阿德勒曾经说过："只有当你觉得自己有价值时，你才有勇气。" 这种勇气，就是努力工作的勇气。

在很大程度上，工作的本质是处理好人际关系，但只要和人有关，就难免发生各种摩擦。有自信的人是不怕和人打交道的，但如果是没有自信的人，会害怕自己在人际交往中受伤，所以就会下意识地避免和别人打交道。长此以往，他们会越来越觉得"自己没有价值"。

年轻管理者：为什么会觉得"自己没有价值"呢？

哲人：对于那些本来就没什么干劲儿的人，领导还要再嘱咐他们："你可以的，加油！"他们听了之后可能会更加丧气："怎么还要加油、还要努力啊？不加油不也这么过来了吗？"

年轻管理者：这的确是内心深处会有的一些小心思啊！

哲人：他们会产生这些想法，本质上是因为觉得自己没有价值、没有能力，而且还会把这些当成不努力工作的理由。

而领导的作用就是帮助他们重新发现自己的价值，让他们产生努力工作的勇气。

具体的做法是，你可以多说些"谢谢"。当人们听到别人对自己说"谢谢"的时候，会有"贡献感"，接着就会感受到自己的价值。而认为自己有价值的人，才会有努力工作的勇气。

年轻管理者：原来这就是"勇气的来源"啊！"加油"并不能给人勇气。

哲人：再举个例子，如果孩子在考试中取得好成绩，父母通常会说："再接再厉，下次也要加油哦！"如果那个孩子很有自信，认为自己接下来也可以考好，那么这句话是可以成为勇气的来源的。

但如果这个孩子只是碰巧取得了好成绩，对于下次能否再发生类似的"奇迹"完全没有自信的话，这句话对孩子来说就完全是压力的来源了。天天想着"下次也要拿出好成绩啊""我必须要满足父母的期待啊",时间长了,如果经受不住,孩子很有可能会做出逃避考试的事情来。因为只要不考试,就不会被父母评价了。

年轻管理者: 也就是说,"加油"可能让孩子也陷入"不想努力"的状态啊,和那些职场人变得没有干劲儿是一个道理。

哲人: 所以,说"加油"之前要慎之又慎。的确有一部分人会被鼓励到,这需要你自己一一确认。但是大多数人不愿被"一时无法达成的目标"束缚,所以你最好还是控制自己说"加油"的次数。从这个角度来讲,"到目前为止你已经很努力了"这样的话更容易被人们接受。

年轻管理者: 原来如此!如果说"到目前为止你已经很努力了",就是对"已经完成的事情"的认可。那么如果我替换为:"太棒了!""干得漂亮!"怎么样?这都是下属取得成就时,我经常说的话。

哲人: 这还是因人而异的。有的人会为此充满干劲儿,有的人则会完全相反,最好再确认一下。比如,你可以思考这样一个问题:"如果不考虑到目前为止对方取得的成果,这位被我夸赞'干得漂亮'的下属,实际上是个怎样的人呢?"

需要你注意的是,如果你真的别有用心,对方一下子就看穿了。如果你说"干得漂亮",纯粹是分享对方取得成果的喜悦之情,那也就罢了;但如果你还想表达"希望你今后更加努力"的话,即使不说出来,对方也能体会到你的压迫感。

年轻管理者: 的确很难啊!既然这里是职场,我当然希望下属今后再接再厉，取得更好的成果。不过，如果是平时关系比较好的下属，"干得漂亮"则纯粹是发自内心的瞬间喜悦之情；但如果是平常关系一般的下属，再怎么注意，也很有可能被误解为"话里有话"。

哲人：即便如此，你也要慎重地对待措辞。我们平时说话时很少注意措辞，完全不会考虑听者的心情，想说就说。正因为如此，成为领导之后才要更加慎重地对待措辞，要让别人觉得"你是个心里装着下属的领导"。

阿德勒的书中记录过这样一个故事：蜈蚣有很多只脚，因此也被称为"百足之虫"。有一天一个人问蜈蚣："你的脚那么多，走起路来却如此轻松自如。你有没有考虑过，自己走路时先迈的是哪只脚呢？"被这么一问之后，蜈蚣的脚立刻缠在一起，一步也走不动了。

年轻管理者：想太多便会寸步难行啊！

哲人：我或许说了很多令你"为难"的话。这些话一开始的确会让你焦虑，在开口说话前反复纠结。但这只是开始，只要有了这个意识，你和下属的关系一定会得到改善。

对话 6：一对一谈话时应该说点什么？

年轻管理者：对了先生，最近不是很流行领导和下属"一对一"谈话嘛，我的公司也引进了这个制度。目前的频率是每周一次，每次一小时左右。这件事可真是让我绞尽脑汁啊！老实说，我真的不知道该和他们说点什么。

最后想到的无非是三个主题：确认现阶段的工作进度、回顾过去的成就并且夸赞下属、指出下属目前表现不好地方。

但是，先生主张不批评、不表扬，这些理念我也赞同。所以，现在一对一谈话时能做的事情，仿佛只剩下"确认现阶段的工作进度"了。可是，这件事在平时的工作会议中也能做到啊！

哲人：一对一谈话的目的是说一些能在今后的工作中发挥建设性意义的话？

年轻管理者：是这样的。

哲人：如果是这样的话，仅仅确认过去发生了什么就毫无意义了。如果过去失败了，那么接下来应该复盘，商讨如何改进才能更好。你只与下属聊聊已发生的事是没有意义的。

年轻管理者： 是的，只是指出过去的错误是毫无意义的。可是既不能批评，也不能表扬的话……

哲人： 在这样的情况下，领导应该做的事情是"给下属勇气"。此时关注下属是否能体会到"贡献感"会比较好。

具体来说就是聊一些这样的话题："多亏你做了 × × 工作，让我的工作也轻松了不少""非常感谢你做了……"。如果下属能体会到自己正在贡献价值，并且领导完全看在眼里、记在心上，那接下来一定会更加努力地工作。千万不要说一些对方难以做到的事情。

我还是要举一个教育孩子的例子。以前我们家经常举行家庭会议，尤其是孩子犯了错误或者遇到问题的时候，我们就会专门召开一次家庭会议。

年轻管理者： 原来先生也是如此用心啊！我听到之后觉得踏实了不少。

哲人： 有一次，我觉得儿子在吃饭时态度不是很好。我和家人商量后，第一时间召开了家庭会议。

首先，我问儿子："你有什么想说的话吗？"

于是儿子端正地跪坐着，对我说："爸爸，谢谢你一直努力工作。"然后又对我的妻子说："妈妈，谢谢你总是给我做这么好吃的饭菜。"那天的家庭会议就是这么召开的。

对于孩子来说，父母的用心是很容易看透的。吃饭时态度不好，不懂得尊重妈妈的劳动成果，这些行为让我觉得这个孩子非常不礼貌。但是，我并不想直接指责他，因为孩子自己心里也清楚他哪些地方没有做好，重要的事情是让他自己发现和领悟，所以我们才召开了家庭会议，解决了儿子吃饭时的态度问题。

你们公司的一对一谈话恐怕也和我们家的家庭会议的目的差不多，所以你没有必要特意指出那些他们做不好、做不到的事情。如果你把一对一谈话变成了"个人批斗会"的话，谁还愿意来参加呢？珍惜一对一谈话的机会，把关注点放在"能做的事""能贡献的价值"上。

年轻管理者：要把一对一谈话作为给员工勇气的机会啊！

哲人：你要让大家知道，每周的一对一谈话不是谴责大家做得不好的地方，而是对下属"已经做出的贡献"表示感谢。如果你能这样设计一对一谈话，那么大家应该都会积极参加的。

对话 7："表扬"和"给予勇气"是有区别的

年轻管理者： 聊到现在，我想和先生确认一下："表扬"和"承认对方存在的价值"是有区别的。而且与表扬不同，"承认对方存在的价值"这件事应该经常做。

哲人： 是的。职场是工作的地方，员工必须要拿出成果——这和养育孩子是有很大区别的。你不可能跟下属说："没做出成果也没关系的呀，做你自己就好了。"

但即便如此，领导也必须要让员工知道，他们本身的"存在"是有价值的，他们都为团队贡献了自己的价值。现在有很多年轻人习惯性地贬低自己："我什么都做不了。"所以，领导更要向下属传达这样的意思："或许现在的你能力还没有那么强，但是我接受现在的你。"甚至更进一步："我对你的未来充满信心。"如果能表达这样的心情，那下属们也会自发地认识到："止步不前是不对的，自己应该努力做点什么。"

在阿德勒心理学中，这种行为被称作"给予勇气"。

年轻管理者： 这和表扬下属完全不是一回事。

哲人： 是的。对于下属取得的工作成果，如果领导总是站在上级的角度表扬的话，就会出现很多"求表扬"的员工，他们只会为了得到领导的表扬而努力。类似的事不管发生在职场中还是在育儿的过程中，都是非常麻烦的。不表扬就不努力的人，在遇到需要自己做出判断的情况时，往往难以应对。

年轻管理者：是啊，缺乏自主性的人，确实会难以在社会中立足。

哲人：但是这里有一个难点。同样一句话，既可以当成表扬，也可以当成给予勇气。本来你想说的"谢谢"是鼓励对方、给予勇气的意思，但如果对方渐渐习惯，你不说"谢谢"他们就不努力了，这也是有可能的。

年轻管理者：是啊！所以我觉得"表扬"和"给予勇气"之间很难划清界限。

哲人：即便如此，你还是要找机会一一确认一下，这也是因人而异的，不同的人会有不同的体验。

而且我认为，即使有不说谢谢就不努力的人出现，这也只是暂时现象。即使不在职场中，也有很多人习惯性地说"谢谢"。比如在便利店，你经常会听到人们对店员说"谢谢""拜托啦"这样的话，非常自然。和这种情况一样，职场中的很多领导在拜托下属做复印之类的工作时，也会说"谢谢"。这和顾客拜托店员帮忙结账不同，也与"上下级关系"无关，这是人与人之间自然的礼貌与尊重。

像这样自然的事情，要坚持做下去。经常能听到领导对自己说"谢谢"，员工会觉得自己的工作氛围非常愉快。

年轻管理者：这样可以让员工充满干劲儿，提高生产效率。

哲人：我不太喜欢"生产效率"这个词。但我认为，经常听领导说"谢谢"的员工，一定更容易取得工作成果。

想想看，你的员工今天能来公司上班，这难道不是一件值得你感激的事情吗？因为他们知道有工作等着自己完成，不能迟到，要设定闹钟，要顶着困倦从床上爬起来，还要挤电车来公司……这并不是一件容易的事情啊！当然，现在已经有很多公司采取居家办公的形式了，但是在家里坐下来打开电脑，然后进入工作状态，也是一件需要心理建设的事情。所以，领导要对员工们怀有感激之情，多说"谢谢"，这是我对各位领导们的建议。

对话 8：有时说不出"谢谢"怎么办？

年轻管理者：先生，虽然前几天您让我们多说"谢谢"，可是在实践的过程中总会遇到困难。因为即使心里想说"谢谢"，有时也会错过恰当的时机，或者干脆忘了道谢，这可怎么办呢？

哲人：在现实中，的确很难在所有场合、对所有人说"谢谢"。

年轻管理者：更尴尬的情况是，因为平时经常对别人说"谢谢"，所以如果偶尔忘了说，那位没有听到"谢谢"的员工可能会产生担忧："他怎么不对我说谢谢呢？是我做错了什么吗？"

实际上，前几天和下属一起吃饭的时候，有一位小伙伴带着担忧的表情对我说："我好像从来没有听你对我说过'谢谢'。"那时我突然意识到，自己做的还远远不够。我应该更仔细地观察每个员工的工作状态，对于任何成果都要好好地传达感激之情。

哲人：从你平时的行为来看，如果那位小伙伴知道你是真心关注下属工作的人，那就没问题。如果平时能好好传递自己的心情，让别人知道你的用心，即使偶尔没能说出"谢谢"，下属也不会因此感到非常失望，或者担心自己即将失去工作。

年轻管理者：但是，因为最近和您咨询后才知道说"谢谢"的重要性，所以我不知道有没有充分传达自己的这份心意。

哲人：一开始的时候，你必须时刻提醒自己要有这个意识。如果在养成习惯的初期不好好提醒自己的话，就很难让自己自然而然地把说"谢谢"当成习惯。

年轻管理者：嗯，前几天听您说了蜈蚣思考自己走路方式的那个故事，不知道是不是受了影响，现在说"谢谢"的时候非常在意时机是否正确、语调是否自然等问题，连我自己都觉得怪怪的。

哲人：刚开始养成说"谢谢"的习惯的时候，很多人会觉得有点难为情。

年轻管理者：嗯，我也有这种感觉。但即使被我有点"生硬"地道谢后，很多人的反应是：起初有些惊讶，但紧接着就露出了喜悦的表情。所以尽管有点难为情，我还是要把说"谢谢"的习惯坚持下去。可是，即便有了这个意识，有时候我还是会忘记说"谢谢"，这可怎么办呢？

哲人：过后再补上也是可以的，"前几天我忘记说了，那个时候真的很感谢你啊！"

年轻管理者：啊，确实可以这样。但是，若过后再补上，我会更不好意思说出口。

哲人：正如你已经感受到的那样，多说"谢谢"之后，职场中的人际关系会因此改善，那你就更应该继续坚持了。

如果你想和之前的领导有所不同，想要诚心诚意地改善与下属之间的人际关系,那么你就一定要表达出来。就拿前几天你遇到的那件事来说,你可以回答:"听了你说的话我才意识到自己的不足。作为领导,接下来我一定会更加体谅大家的心情,也会多说'谢谢',拜托你监督我。"

年轻管理者:呃,听起来很难啊!我还是有点不好意思。

哲人:但是,假如你愿意迈出这一步,你和团队成员间的关系就一定会有大幅度的改善。如果你遇到该说"谢谢"却又忘了说的情况,他们也会提醒你的。

年轻管理者:这样的话,我就不用为又忘了说"谢谢"而烦恼了。

哲人:是的。不要小瞧这件事,因为类似的举措有助于构建团队成员间的平等关系。"刚才应该跟对方说'谢谢',你好像忘说了。"如果下属敢于这样直接提醒你,那么对于其他事,他们也不会有"万一得罪领导怎么办"之类的犹豫。你的团队成员们会渐渐勇敢起来,不再害怕挑战和失败,也不会因为担心承担责任而隐瞒自己的过错。如果遇到暂时解决不了的困难,他们会坦然接受,然后和你商讨如何努力才能做得更好。

对话 9：总有一些工作得不到感谢

年轻管理者：现在我深刻认识到了说话方式的重要性。但是在公司里，总有一些工作是很难得到感谢的。典型的例子就是财务、行政等后台工作。在这样的部门工作，做得好是理所当然的，但稍有差池就会被大家指责。这种情况让很多相关部门的同事灰心丧气，觉得自己努力也得不到回报。我自己在财务部工作过，听到同事们感叹过："哪怕他们稍微说一句'谢谢'，我们也会更有干劲儿啊！"

哲人：但是，为了得到一句谢谢而努力工作的思路也是行不通的。

虽然这句话我已经说过好多次了，但是"有表扬就努力，没表扬就失去干劲儿"的想法绝对会阻碍一个人的发展。

我们之前也探讨过："谢谢"这句话表示的是承认对方存在价值，和表扬是不同的。但是对于被表扬着长大的人来说，"谢谢"也可能会被认为是表扬的一种。

对他们来说，如果没有得到一句"谢谢"，那就没有必要好好干；如果得不到一句"谢谢"，就说明自己的工作没什么价值。这种想法真是大错特错。

年轻管理者：我非常认同这一点。

哲人：我在家里也会承担家务，但是刷碗这件事真是让人头疼。吃完饭以后，家里人都没有主动收拾碗筷的意识，全躺到一边的沙发上看电视去了。如果"另一个我"跳到高处观察的话，会发现正在刷碗的那个我充满怨气："为什么只有我自己做这件事？！"带着这种念头的我，浑身散发着让人不敢接近的磁场。我在用实际行动告诉大家：刷碗是一项非常让人头疼的工作。

现在有很多人做着类似的工作却得不到感谢，每天都在怀疑这份工作的价值。他们过来咨询我，希望我给出建议。

年轻管理者：那么您给出什么建议了呢？

哲人：虽然可能得不到任何人的"感谢"，但我会指出："你做的工作是为别人做出贡献的行为。"

就拿刷碗这件事来说，别人可能不会跟你说"谢谢"，但你自己心里清楚：这是在为家人服务。如果能意识到这一点，你就能体会到"贡献感"。

也就是说，即使家人不对你说"谢谢"，你也可以体会到"自己对家人做出贡献"的感觉。同时，你也能体会到自己的价值。用阿德勒的话来说："如果觉得自己有价值，那人生就是幸福的。"

像这样一边体会着贡献感和幸福感，一边哼着小曲刷碗的话，家人可能会觉得"这项工作看起来很有意思"，甚至会产生"我也来搭把手"的念头。当然，这是理想状态，他们也有可能不会这么想。但不管别人是怎么想的，你要让自己体会到"贡献感"的喜悦。

年轻管理者：原来是这样，我明白了。

哲人：这里要注意的是，领导不能直接跟下属传达这些理念。这些话只能是朋友、家人间的鼓励，而不能发生在职场中。"由于我的工作很忙，不能一一和大家说'谢谢'，但是大家自己也要努力意识到'贡献感'哦！"如果领导真的当着大家的面说出了这样的话，那么这很有可能是个黑心企业。

年轻管理者：如果我是领导的话，还是会尽可能地多说"谢谢"。

先生说，的确会有人把"谢谢"当作表扬，如果得不到感谢，他们可能会失去动力，但这只是暂时现象。如果是这样的话，我相信"谢谢"不是用来吹捧下属的话，它终将得到大家的接受和理解，所以我想继续下去。

第
二
章

面对不同个性的团队成员的方法

对话 10：相同的错误，为何总有人一犯再犯？

年轻管理者： 先生，最近我对一位年轻下属的工作表现感到头疼。同样的错误，他已经犯了好几次，连每次犯错后我嘱咐他的话都是一样的，但下次还是照犯不误。我的脑海中难以克制地产生了"他怎么就是学不会呢"这样的念头，然后一股怒火立刻涌出来，说话的语气也变得严厉。

但是先生也说过，批评下属是不好的，所以只能保持语气镇静，用同样的语调嘱咐同样的话，直到他不再犯错为止。

哲人： 那么你现在想改变些什么呢？是希望自己能用更严厉的语气来提醒下属不要再犯错了吗？

年轻管理者： 我也不愿意严厉地批评他，是真的希望他打起精神来。我们部门有很多跨部门合作的项目，每次开进度同步会的时候，总会发现这个人根本没有准备好就来参会了。因为是跨部门项目，涉及很多同事的合作，他这种表现造成的麻烦可不小。可是不管怎么提醒都没用，这种事情还是继续发生。

哲人： 你现在的心情我非常理解，但我觉得不是改变语调的问题，而是你传达的信息可能不够明确，不然他应该不会一直重复同样的错误。

年轻管理者：确实有可能啊！

哲人：在这种情况下，语调、情绪什么的都不是主要问题。

虽然这么说会让你不舒服，但是下属犯了好几次同样的错误还没走上正轨，是领导的责任呀！

"怎么就是做不到呢？"你越想越生气，但实际上却是在责怪自己，只有承认自己指导下属的方式有问题，思考接下来该如何用更好的方法让他改正错误，好好工作，才是你该做的事情。

年轻管理者：先生真是毫不留情啊！下属的失误是领导的责任，领导必须改进自己的指导方法。

我虽然认同先生的说法，但是在现实的职场中，下属不止一个，他们的个性也多种多样。我该如何面对这种情况呢？所谓"更好的方法"又是什么呢？我实在想不通。

哲人：我认为在这种情况下，你可以直接和那位下属当面谈谈："怎样做才能避免下次再犯同样的错误呢？"

领导经常会认为自己"什么都知道"，但谁都有知识盲区，所以构建这种可以和下属坦诚沟通的氛围是很重要的。

如果你直接对下属说"你怎么连这样的事都不懂呢"，就只会让他们觉得自己受到了领导的讥讽。以后再遇到什么问题，他们都不敢实话实说了——即使你问他们也没用。

所以，你要先让下属意识到：不知道就是不知道，并且他们不会因为承认不知道而遭到批评。你也要让他们知道，如果不知道的话，要提前找领导商量，尽量在"失败"前解决问题。

年轻管理者：您说得对。当我对他说："这次资料准备得也不是很充分啊！"他自己也会回答："是啊……这次又搞砸了，下次还要再提前些准备资料才行，我会注意的。"但是，下次还是会发生同样的情况。

或许，比起说话内容本身，说话时机、说话地点和说话方式才更重要。我可能是这些没有做好？

哲人：所谓的"时机"是很难把握的，但是如你所说，这里发生了"失败"。所谓"失败"，就是说不是那位年轻下属故意造成的。

年轻管理者：是的，那当然。

哲人：失败之后，有三种方法可以承担责任。

第一种是尽可能地恢复原状。这里说"尽可能"，是因为也有无法恢复原状的时候。

举个例子来说明吧。假如有一个孩子把一杯牛奶弄洒了——就是那种用马克杯装着的牛奶。孩子一边走一边喝，结果弄洒了牛奶。当然，这是故意的还是不小心造成的，家长要采取不同的应对方式。这里先把它看成是不小心造成的，考虑一下如何应对。

在这种情况下，首先要做的是"尽可能地恢复原状"。

如果这个洒了牛奶的孩子已经处于会说话的年龄，就应该问他："接下来该怎么做？"以前儿子把牛奶洒了的时候，我就是这么问他的。他回答："我知道怎么办。"我追问道："那怎么办呢？"儿子接着说："用抹布擦干净。"然后我就让他把地擦干净了。这种做法就是"尽可能地恢复原状"。

　　年轻管理者：嗯，那位年轻后辈其实也是类似的情况。下次开会之前，如果能早点发现资料准备不足，只要时间允许的话，我就应该和他一起准备资料。

　　哲人：但是你绝对不能代替下属准备资料。在时间允许的范围内，让造成失败的年轻下属自己做好准备是非常重要的。这就是"承担失败的责任"。

　　在孩子洒了牛奶之后，很多家长都会跑出来收拾："哎呀！你怎么又把牛奶洒了？""为什么要这样啊，真是的！"就这么一边指责，一边把地擦干净了。这会让孩子学到什么呢？他们只会觉得"自己不用负责任"。不管犯了什么错误，父母都会替我"擦屁股"，只要听他们骂两句就没问题了。这种情况是绝对要避免的。

　　如果孩子还太小，没法做家务，那么父母可以带着他一起收拾。如果下属自己能力不够，那么你可以带着他一起做。但是，你绝对不能代替他去做本该他做的事情。

　　年轻管理者：您说的对，因为时间有限，所以我心急如焚，总想着自己做会比较快，不知不觉就把这份工作接过来了。身为领导，我这样做也算是不负责任吧！

　　哲人：首先，用自己的力量"尽可能地恢复原状"是第一种承担责任的方式。

第二种叫作"必要时要道歉"。孩子把牛奶洒了的情况可能是不需要道歉的，因为谁也不会为此受伤。

但是如果资料准备不全，这的确需要道歉。作为领导，你也是需要为此道歉的。

然后就是第三种——这种方式很多人都会遗忘，那就是探讨今后该如何做才能不重复同样的失败。儿子洒了牛奶，带着他一起把地板擦干净之后，我会问他："接下来怎样做才能避免弄洒牛奶呢？"儿子想了一会儿回答我："以后坐着喝。"这才是正解。

在这样的沟通中，我没有任何情绪，也没有必要带着情绪。让他们利用自己的力量恢复原状，和他们讨论今后该如何避免重蹈覆辙，让他们承担自己的责任，这样的过程是不需要情绪的。

年轻管理者：为了避免重蹈覆辙，在失败一发生的时候就要马上和他们谈话吗？

哲人：大多数情况下不能这么做。还是等过一段时间，双方都冷静下来之后，谈话效果会更好。

年轻管理者：原来如此。失败刚刚发生，大家都为了收拾残局忙得不可开交，所以等冷静下来再谈比较好。比如，公司的人事评价流程：总是会在某个人的绩效分数出来之后，过一阵子再让领导与他面谈。实际上这也是我在采取的方法。之前不管怎么生气，我都会控制自己说话的语气和措辞，那也是给自己留有余地。过后再冷静思考一番，说不定会有不同的答案。

哲人：是啊。重要的是，要把目光聚焦在"如何解决问题"这件事上，不要把目光转向与解决问题无关的事情。比如，"别人会怎么看我""会不会被大家轻视"之类的想法。

还有像你刚才说的，不仅时机很重要，说话的方式也很重要。

在学校里经常会听到老师这样说："如果再这么下去的话，就会……"比如，老师手里拿着成绩单，跟某位学生说："再这么下去的话，你就考不上大学了！"但是，难道老师不说这些话，这位学生心里就没数了吗？他们也知道自己应该更努力，不能重复这样的失败，可是究竟怎么做呢？

所以，每当我说出孩子的错误、表示担忧时，他们都会用略显暴躁的声音回答道："不用你说我也知道！"公司的年轻下属或许不敢用粗暴的声音和你说话，不过他们可能也会产生类似的想法："这些不用你说我也知道。"

但是，作为领导的你有责任指导下属，尤其是在他们重复犯同一个错误的时候。

年轻管理者：没错。

哲人：要做到这一点，首先你必须和下属搞好关系。

在和下属沟通的时候，你要让他们自己想到"再这样下去的话会有什么样的后果"，而不是从你嘴里说出来。

年轻管理者：是啊，不是单方面的命令，也不是责怪他们的失败，而是为了能让年轻的团队成员感受到自己的责任。让他们自己动脑思考

"再这样下去会有什么样的后果"。也许只有当他们产生困惑的时候，才会想到好的方法。

哲人：因此，如果你和某位年轻下属平时关系一般，当你说"再这样下去会……"的时候，对方很有可能会把这句话当成讽刺、威胁，甚至是挑战。

年轻管理者：但是，如果我和对方关系很好的话，说出"再这样下去会……"的时候，也会影响对方的心情和工作状态吧？所以，我该怎么改善和下属之间的关系呢？

哲人：你要把握两个条件："尊敬"和"信赖"。

美国社会心理学家艾里希·弗洛姆（Erich Fromm）说过："看到一个人真实的状态之后，觉得那个人是独一无二的存在，拥有他人无法替代的能力，这种感觉就是'尊敬'。"

刚才我说过，年轻下属重复同样的失败，是因为领导的指导方法有问题。但原因不止这一个，或许他们也失去了努力工作的"勇气"。

领导的工作就是让员工意识到自己的价值，有勇气努力地投入到工作中，这个我以前也说过。

为了让下属能够得到这份"勇气"，你不应该总是想着"我的下属应该符合什么样的要求"，而是应该从身边现有的下属出发，关注他们的工作，承认他们存在的意义。我称此为"存在认同"，不过与弗洛姆所说的"尊敬"是一个意思。

年轻管理者：对别人说"谢谢"，也是承认对方的存在。

哲人：弗洛姆还说过："如果尊敬一个人的话，自己也会希望像那个人一样成长和发展。"所以，不要带着"让员工们适应公司"的思路培养下属，而是应该考虑怎样帮助他们，让他们像自己尊敬的人那样成长。

不要把年轻的后辈们当成"可替代的存在"，而是要把他们当成"独一无二的存在"。只有领导真正尊敬下属，公司才会不断发展。

年轻管理者：沿袭上一代领导者们的管理思路，公司的发展可能会停滞啊！

哲人：现在的年轻人，不管是感性上还是理性上，无疑都比我们上一代人更优秀。

年轻管理者：还有一个条件是"信赖"。

哲人：这里提到的信赖，是无条件的信赖。不要只在有根据的时候相信对方，不要任何附加条件。信赖是无理由的。

信赖分两种。

一是相信下属有能力自己解决问题。如果你代替那位年轻下属完成了准备资料的工作，就是不信任他的体现，也会让他觉得自己没有在会议前准备资料的能力。

的确，交给那位下属自己处理，有失败的可能性。但是，年轻人如果意识不到自己能力不足的地方，不经受一些挫败，也无法继续努力工作。

年轻管理者：啊，实际上我确实代替他做了一些事情。因为那个会议非常重要，再出错的话，我真的无法原谅他。

哲人：这就是你没有给那位年轻人承担失败的机会啊！

年轻管理者：是啊！虽然这么说有点可耻，但可能也是出于保全自身的考虑吧。

哲人：还有一点，说到信赖的话，也要相信他人的善意。

年轻管理者：他没有准备好资料，并不是故意使坏，这点我是相信的。

哲人：如果年轻下属是富有进取心的类型，很有可能会当面顶撞你。但即使发生了那样的事，你也不要将其看成是轻视领导的行为。这其实是认真对待工作的体现，要相信他们是出于善意的。

年轻管理者：人性本善。如果对方看起来是可信的，那就相信他。连信赖都没有的话，是无法构筑良好的人际关系的，我认同您的观点。

对话 11：截止日期马上就要到了怎么办？

年轻管理者：先生，上次和您谈话之后，我还是有些想不通的地方。

哲人：是什么呢？

年轻管理者：我不能代替下属完成准备资料的工作。道理上我是明白的：既然已经交给下属去做了，自己就要信任对方，把手放开。但是，在截止日期临近的情况下，我该怎么办呢？这时我只能赶紧替他完成才行啊！

哲人：此时需要考虑两种情况。

一种情况是这种截止日期比较紧张的工作，可能超出了他现在的能力范围。也许将来他可以做到，但至少现在不行。在这种情况下，领导就应该判断是否应该让他继续承担此类工作。

另一种情况是，这位年轻下属可能在借用类似的行为暗示领导"放弃等待"。

年轻管理者：是在暗示我放弃等待，赶紧动手替他完成吗？原来如此，以前我也遇到过类似的情况！即使马上就要到截止日期了，有些年轻下属还是会上交完成度非常低的资料或报告，他们认为"反正领导总会想办法的"。

作为领导的我，希望他们递交的是自己努力之后的成果，在我修改之后，他们能以此作为参考，审视自己的不足，下次用自己的力量交出更完美的成果。这样的态度才能让他们成长起来吧？

哲人：如果每次都没能在截止日期前完成工作的话，那么接下来就不会被委任责任更大、更辛苦的工作，只会接受一些可以轻松完成的工作——这也可能是那位下属的目的。这是一种"炫耀无能"的行为：不要对我有太高的期待，我做不到。

但无论如何，这个年轻人的勇气一定被挫伤过。

年轻管理者：可是从我的角度来看，团队里似乎没有这种"炫耀无能"的人，大家都在认真努力地工作。难道是我布置工作的方式有问题吗？

哲人：如果承担了超越自己现在能力的工作，勇气的确会被挫伤啊！

年轻管理者：这的确是令人烦恼的事情。有很多人在进入管理层之后会患上心理疾病，现在的我完全理解他们的心情了。但是先生，对于刚才提到的下属，以后就只给他布置简单的工作，这样就可以了吗？

哲人：无论什么人，在接受了"可能会超越现有水平"的工作并努力完成后，都一定会收获成就感。他的能力会因此得到提升，人也会变得比之前更有自信。所以，只给对方布置简单的工作也是不可取的。至于这个度该怎么把握，其实是非常困难的，你只能慢慢摸索。

年轻管理者：这也是因人而异的吧？就像先生说过的，只能花费时间——判断。

哲人：回到最初的"赶不上截止日期"这个话题，你不能总在截止日期临近的时候才想起指导下属。你需要从更早的阶段、在问题还没有显现之前就好好指导下属。

还有一点很多领导都会忘记：下属会努力在截止日期前完成工作，但这并不是理所当然的事情。如果认为这是理所当然的，领导怎么会开口说"谢谢"呢？所以，你要感谢那些能在截止日期前完成工作的下属。

年轻管理者：确实，在感谢团队成员这方面，我做的还是不够。

哲人：对于刚刚踏入社会的年轻职场人来说，需要他们适应的事情太多了。有时他们会把事情搞砸，也的确会遇到停滞不前的困境。即使严厉地批评，对他们的工作也没有什么实质性的帮助。做不到就是做不到，批评只会让你们之间的关系恶化。年轻人需要的是领导的帮助和建议。而且如果你想让他们坦然接受你的帮助和建议，需要一个前提，那就是平时已经建立了良好的人际关系。我们经常犯这样的错误：先斥责、批评，然后察觉双方关系破裂之后再想办法补救。其实，此时的局面已经很难被扭转了。

年轻管理者：的确如此。总之要先多说"谢谢"。

对话 12：领导要看下属的脸色吗？

年轻管理者：对了先生，我想继续向您请教一个问题，但是要回到之前的话题上。

哲人：没关系的，你说吧。

年轻管理者：先生之前说要相信下属的善意。为了和下属搞好关系，领导要"尊敬"和"信赖"下属。信赖有两种，一种是相信下属有自己解决问题的能力，另一种是相信下属是带着善意工作的。

哲人：是这样的。

年轻管理者：可是我很难相信"下属是善意的"。每当下属反驳我的时候，我都会忍不住往坏处想："对方是不是不信任我？"所以我总是很难相信他们是真的怀有善意。

哲人：别去猜测别人的心思就好了。

年轻管理者：是吗？

哲人：这个建议我通常只会说给那些敏感的、爱胡思乱想的人。因为也有很多人是完全不顾及别人心情的，如果建议他们"别去猜测别人的心思"，情况只会更糟。

对你来说，读懂别人的心思是很有必要的，这也是管理者的能力之一。但是如果你过度揣测别人的心思，就无法正常生活和工作了。

在现实的职场中，下属经常会戴着有色眼镜看待领导的言行，甚至会把他们当作"反面角色"来对待。虽然领导不希望发生这样的事情，但我们的重点不应该放在如何读懂下属的想法上，而是要放在如何在他们的协助下完成工作上。

不过，如果你就是忍不住猜测下属的心思，那就只能相信他们的善意。我不是故意为难你，但是这样的态度是有助于构建你和下属的良好关系的。如果有问题，他们会当面告诉你，而不是在背后说坏话，这才应该是你的目标。

年轻管理者：还是回到那位年轻下属身上。我完全不能理解为什么每次开会前，他都无法将资料准备充分。如果先生非要让我相信他人的善意的话，难道是因为他非常认真仔细，所以花费了太多时间？这个人可能只是不太擅长进度管理？

哲人：像你这样想是对的。努力相信下属"出于善意"，是构建良好关系的前提。

年轻管理者：原来是这样，但执行起来的确有点难。而且一旦开始用消极的心态理解下属的意图，接下来只会越来越难以信赖他们。

哲人：这种事情经常发生。

年轻管理者：所以，多少是我情绪化了。实际上对方未必是我想的那样。

哲人：可能下属也会带有类似的消极心态。如果他们也想尽可能地远离你的话，也会从你的言行举止中找到远离你的理由。

而如果你觉得某个下属比较难带，想要远离他，也会从他的言行举止中找到支持自己的理由。这种事很可能是无意识间发生的。

年轻管理者：嗯，虽然不太想承认，但好像的确会有这样的时候。

哲人：话虽如此，但是要记住：工作就是工作。

因为我是一个自由职业者，所以经常会根据"想不想和某人一起工作"来选择工作。

可是工作就是工作，不要太关注"和谁一起工作"，而是要关注"做的是什么工作"。

即使提建议的人是年轻的后辈，如果他说的对，那就要采纳；即使彼此是领导和下属的关系，但如果领导说错了话、做错了事，下属要有纠正的勇气。不关注"是谁"，要关注"做什么"，这是职场中该有的态度。

所以一旦进入工作状态，你就不要太关注一些细微的情绪，把目光专注于做好工作本身——这一点对于你这样敏感的人来说尤其重要，特别是当你产生消极情绪的时候。

年轻管理者：不关注"是谁"，要关注"做什么"，这个说法很有力量啊！

哲人：我在和年轻人一起工作时体会到，他们在理性和感性上的表现都优于我们这一代人，这也是工作的乐趣所在。尤其是年轻下属与我们的观点不一致，这是再正常不过的事情了。如果领导怎么说，他们就怎么执行的话，这得多无聊啊！

年轻管理者：确实，如果什么事情都要找我一一确认的话，我也会觉得很头疼。"就不能自己判断一下吗？" 我可能会做出这样的反应。

哲人：所以与此相比，和有点"狂妄"的年轻人一起工作是非常开心的事情。当然，人品好也很重要。但不管怎么样，你要关注对方说的话对不对，而不是揣测对方有什么意图。这种态度在工作中是非常重要的。

年轻管理者：因为和对方建立了信赖关系，所以他们才会敢于反驳。

哲人：没错。

年轻管理者：也有一些领导看见下属能够诚实地反驳自己，反而可以因此和他们建立信赖关系。

哲人：是的，如果心里顾虑"说了这样的话，领导会怎么想"，那么，这些年轻下属就什么都不敢说了。

年轻人总是担心失败，所以领导要告诉他们："失败与人格无关。"特别是对于那些在学校时成绩比较好的年轻人来说，明白这一点尤为重要。

从小经历的挫折比较多、在很多方面都意识到自己能力有限的孩子，虽然人生并不幸运，但进入社会后的确要表现得更坚强一些。但是，缺乏这些失败经验的学霸们，很容易被进入社会后的第一次失败经历击垮。

对于这些人，当然要指出他们的错误，但与此同时也要说明：那只是工作上的错误，并不是人格上的失败。

如果能理解这些的话，那么这些学霸也不会害怕失败，会成为更强大的人。

相反，如果这些学霸在经历第一次失败后就被领导骂得狗血喷头，那么接下来他们可能会变成唯唯诺诺的人。他们害怕承担责任，或者说害怕经历更大的失败。长此以往，他们会逐渐失去创造力，格局也会越来越小。这对企业来说也是一种损失。

年轻管理者：是啊！一边听先生这么说，一边在眼前浮现出了很多年轻人的样子。身为领导，我不应该总是觉得"为难"。如何让这些个性多样的年轻人发挥自己的价值，是我接下来要重点关注的课题。

对话 13：管理者要有"被讨厌的勇气"吗？

年轻管理者：上次非常感谢您。在先生的建议下，我开始审视自己这种"看别人脸色"的行为。因此我总是想，是不是管理者也需要"被讨厌的勇气"呢？

哲人：如果一个管理者真的有"被讨厌的勇气"，那是非常糟糕的事情。

年轻管理者：管理者不能有"被讨厌的勇气"吗？这种观点还挺打击我的。

哲人：《被讨厌的勇气》这本书的确让我获得了很多关注，但是这个概念可能会让大家产生一种"一意孤行也可以"的错觉。其实我并不想让大家变成惹人厌烦的人啊！

"被讨厌的勇气"这个概念能够帮到的是那些处于弱势地位的人。比如在职场中，下属才更应该拥有被讨厌的勇气，因为他们更可能在意领导的脸色，有些话想说也不敢说。所以，我呼吁他们不要在意这些，鼓起勇气吐露心声。

能够被这个概念鼓励的人，无一例外都是性格温柔和善的人，他们总是过于在意别人的心情，非常害怕伤害到别人，也害怕让别人讨厌自己。我想告诉他们，即使有些话会引起"风波"，让别人感到不快，也一定要说出来。

年轻管理者：虽然我自己也身在管理岗位，但正如先生说的那样，我有点敏感，很在意别人怎么看我。所以，我也想拥有这种"该说什么就说什么的勇气"。我是一个中层管理人员，所以我也有上级领导。有时上级领导不了解情况，对我的下属做出了错误评价。我真希望能替下属说句话，但实际上总是难以鼓起勇气。

哲人：我想，这时候你要想到"自己不是一个人在战斗"。只要有勇气替下属说话，就一定会有支持你的人，你不会因此陷入孤立无援的境地。你也要让周围的人看到你的这种态度。

我之所以不太想让领导有"被讨厌的勇气"，是因为怕你们误解成"即使被下属讨厌，我也要说出我想说的话，不用太在意下属的心情"。这不就成了职权骚扰吗？所以，管理者反而不能有"被讨厌的勇气"。

年轻管理者：但是听了这段话以后，我觉得先生心目中的"理想领导形象"的标准实在太高了。怎么说呢？成为管理者，也就意味着要成为圣人君子吗？

先生所说的好领导的标准，好像就是这样的：无论发生什么事都不会批评下属，也不会用命令的语气说话，而且不能对下属吹毛求疵、要求太高。这样才能让下属尊敬身为领导的自己，敞开心扉、坦率地说出真心话。

我赞同先生说的话，也向往成为这样的管理者。但是，即使下属每天都能对我直言不讳，我还是会觉得哪里不对劲儿。毕竟我是个不擅长社交、比较腼腆的人，像我这样的领导怎么拉近和下属之间的距离呢？

哲人：阿德勒还有一个概念叫作"接受不完美的勇气"，我认为你也需要这种勇气。

如果拥有这种勇气，你就会把我的建议看成一个大方向，虽然看起来任重道远，但是可以从自己力所能及的地方开始实践。你提出"难道必须要成为圣人君子吗"这样的质疑，说明你并不想努力实践，只是在尝试将自己的行为合理化。

包括"我赞同您的话，但是……"这样的说法，其实也表明你并不想把学到的东西用于实践，你已经在内心做出了"行不通"的判断。也就是说，你从一开始就放弃了。

因此，不提出"必须成为圣人君子吗"的质疑，也需要你的勇气。

年轻管理者：原来如此啊！

哲人：话虽如此，我们也要明白：改变并不是一蹴而就的事情。

比如，对于那些已经把批评下属当成习惯的人，突然让他们停止这种习惯，这也是不可能的。但是如果一周结束后，他们回顾自己的行为，发现之前一天内要对下属怒吼三次，但上周一天内只有一次；又或者以前总是很容易发火，但现在不会瞬间暴躁，能够控制住自己的情绪；如果真的忍不住发火了，过后也会觉得有点后悔……即使是这样逐步推进，他们也会在未来获得了不起的改变。

年轻管理者：这是在自我表扬吗？啊，也不能说是表扬，这应该是让自己"鼓起勇气"吧？

哲人：是的，我们要自己给自己打气。

想要登上二楼的房间，不能没有楼梯。所以，我们必须要有一步一步迈向理想的勇气。

如果你需要经常和各种各样的人沟通，就要有"理解他人"的能力。

很多事情要经过大脑思考，才能被真正理解——不然你没有办法走到下一步。在理解的基础上，你可以从自己能做的事情开始，一点点地做下去。即使不能在一朝一夕间改变，也要接受这样不完美的自己。

下属在看到不完美却在努力改变自己的领导后，也会鼓起勇气："我也想成为领导那样的人。"

我也会有控制不住情绪的时候。有时孩子会跑到我这里，把手盖在我的额头上："最近爸爸怎么总是把眉头拧成一个疙瘩呢？"

孩子是最能察觉到父母情绪的人。虽然我在外面对别人说"不能生气，不可以批评别人"，但是回到家里却瞒不过孩子。

我不会对他们说："不，我没有生气。"而是会说："谢谢你告诉我，我注意一下。"

年轻管理者：这又是一个可以说"谢谢"的时机啊！

哲人：是的，敞开心扉说出来就好了。比如，你之前答应过下属不会再发火。如果你真的没忍住，下属一定会告诉你："你现在正在发火哦！"虽然现在的自己还不够完美，但如果学到了"不批评"的重要性，接下来就可以拜托下属多监督自己的行动，这也是可行的。

年轻管理者：如果真的被下属指出我正在发火，那我只要回答一句"谢谢你指正我"就可以了。

哲人：不成为圣人君子也可以。即使做不到完美，但看到领导正在努力改变自己，下属也会心生敬佩："我也想成为这样的人。"

一般情况下，下属都是看着领导的背影成长的。

年轻管理者：这一点我心里还是明白的。人都是不完美的，即便如此，我们还是要有改变自己的意志。即使只能一点一点地进步，我们也已经走到了正确的路上。

哲人：是的。

年轻管理者：我之所以赞同先生的理念，是因为先前在改善亲子关系上看到了成果。接受先生的建议后，我决心改变对待孩子的方式，至少不能用"高高在上"的态度来审视他。尽管如此，我偶尔也会有绷不住的时候。但我的努力并没有中断，所以和孩子的关系比之前好了不少。我想，孩子也会肯定这位正在努力改变自己的父亲。

哲人：我想孩子一定很快就会注意到你的变化：最近的你和以前不一样，不会经常发脾气了。当他发现这一点的时候，你们的亲子关系就已经得到改善了。领导和下属之间也会发生同样的事情：下属一旦注意到领导的些许改变，双方的关系将发生巨大改善。

如果大家都把自己禁锢于现状之中，认为"我就这样了"的话，整个人类社会就无法进步了。很多人把我的观点归为"理想主义"，常有人对我说"你的这些观点很难实现"。

但是，正因为和现实情况不太一样，"理想"才能被称作是理想。一直把自己困在现实中的话，情况是无法好转的。如果每个人都认为"不批评孩子""不批评下属"是不可能的，那谁还能改变现状呢？

父母经常说："不管怎么教育孩子，他们都不听。"

孩子很少理会大人们"正在说的话"。相反，他们能从大人们"正在做的事情"上学到更多东西。所以，如果父母是光说不练的人，孩子也会冷漠地对待父母的教导："你只是嘴上说说而已，从来没见你做过。"下属和领导之间也是同样的道理。

年轻管理者： 的确如此啊！

哲人： 还有就是你一开始说的"自己不擅长社交""有点腼腆"，这和"成为一个好领导"关系不大。

我觉得没有必要非得拉近和下属之间的距离。这里是职场，私人关系不是首要考虑的因素。要是过度考虑"拉近关系"这件事的话，接下来任何聚会都会有"酒桌文化"的压力了。

年轻管理者： 我非常讨厌这种压力。

哲人： 因为工作就是工作，领导要以做好工作为目的建立与下属之间的信赖关系。只要让下属觉得"这个领导很靠谱"就可以了，没有必要勉强拉近距离。

年轻管理者：原来如此。做好工作之后，人际关系自然会改进。这样想我就轻松多了，特别是像我这样不太擅长社交的人。

对话 14：下属缺乏责任心，该怎么办？

年轻管理者： 先生，今天我想说点以前的事情。虽然已经过去十年了，但我就是忘不了。现在想起来，我依然觉得很困扰。

哲人： 是什么样的事情呢？

年轻管理者： 当时我还在财务部工作，那天和一些年轻员工们一起计算当月工资。这件事非常费神，所以大家都做得很疲倦。可是那天傍晚居然停电了，似乎由于公司所在的大厦出了什么故障，一两个小时后供电才恢复。在工作的过程中遭遇停电，这真是我人生中头一回经历的事情，也希望这是最后一次。

供电恢复后，我注意到身旁一起计算工资的后辈工位已空。匆匆联系后才知道，停电刚开始的时候她就已经离开公司了。我非常惊讶，所以难以控制地拔高了嗓门，语气里也有了谴责的意思："你怎么就这么回去了呢？！"

可是挂掉电话后，她并没有再回到公司，我自己加班到很晚才将工资计算的工作完成。

到现在我依然为这件事感到困惑。即使停电了，可手头上毕竟有那么重要的工作没做完，她怎么就自作主张回家了呢？我已经通知她恢复供电了，她为什么没有提出回来继续工作呢？怎么样才能让这些年轻人有点责任感呢？作为他们的前辈，我该怎么指导才好呢？这些问题，到现在我也没有找到答案。

哲人：你问了一个很难回答的问题啊！借用阿德勒的话来说，即使是心理学家也很难回答"为什么会有这种行为"这样的问题。

停电后就回家了，可能只是她心神不定时下意识的反应。当然，或许还有其他理由，但追究理由的意义不大。

我们应该多考虑今后该怎么办，而不是追问过去某个行为的原因。她或许也知道自己就这么回去不太对，但是批评她也没有什么意义。

如果能重来，第二天见面，你和她说这样的话就够了："你现在承担的计算工资的工作其实很重要。这次虽然中途停电，但很幸运没有酿成什么大祸，而且我也做完了这项工作。但是，只有我一个人完成实在是太累了。下次不知道怎么办的时候，可以提前和我商量下。"

年轻管理者：是不是我在这之前给了她一种"有事很难商量"的印象呢？

哲人：其实你很难猜出别人的心思。这时，你只能采取以前的做法，那就是去和她本人确认一下："我是不是让你觉得比较难说话呢？"

年轻管理者：哎，这场面听起来有点尴尬呀！但如果我问她的话，她总会说点什么吧。

哲人：虽然听起来有点烦琐，需要你不断重复，但是刚踏入社会的年轻人要记住很多之前不知道的事，也更容易失败。作为领导的你要让下属有个心理准备：如果遇到困难，一定要和你多商量。

年轻管理者：可能她也并不是很熟悉工资计算的工作，怕出错，所以干脆"提前逃跑"。

哲人：原来如此。

年轻管理者：在等待供电恢复的过程里，我好像一直在焦急地说着"怎么还没修好啊"之类的话。这种气氛只会增加她的压力，这可能也是她一停电就逃跑的原因之一。

哲人：的确有可能。即便如此，只要好好地向她传达"就这么回去是不对的"就可以了，而不是带着情绪责备她。

这也是我刚才说"为什么会有这种行为"是一个很难回答的问题的原因，因为你无法一下子搞清楚对方的目的是什么。

年轻管理者："为什么会有这种行为"背后隐藏的是"行为的目的"，而不是"理由"吗？

哲人：那个员工是在无意识中做出了这样的行为。所谓"无意识"，就是"如果没有人提示一下就不会明白的事情"。可能需要你询问一下，她才能琢磨明白自己当时到底是怎么想的。那时在停电后的一片漆黑中，如果你问一句："啊，停电了，你会不会觉得今天可以不用工作了？"

她可能会回答："啊，好像是有这种感觉……"

但即使明白她的理由，也没有什么意义。

作为领导，你应该明白的是"这个人似乎正在找理由逃避工作"。

这才是她的目的。明白了这一点之后，你就可以和她开诚布公地谈一谈："如果觉得这件事对你来说太难，你可以直接告诉我，有什么事我们一起商量。"

孩子们有时会和家长说："我今天不想去学校。"

如果问原因是什么，他们多半会说头疼或者肚子疼。不能说他们全是"诈病"，也可能真的有这些症状。究其原因，是因为孩子在潜意识中需要"不上学的理由"，需要"休息的理由"，所以连身体都跟着产生了症状。阿德勒心理学中也有对这种现象的研究。

年轻管理者：这和那些找理由逃避工作的年轻人一样吗？以前我也因为孩子不想上学而烦恼，还来找先生咨询过。

哲人：我儿子也有过这样的时候。

如果孩子不去学校，必须由父母出面和校方联系，孩子自己跟老师说"今天不去学校了"是无效的。所以我问儿子："老师如果问我你今天为什么不去学校了，我该怎么说呢？"他告诉我的理由是"肚子疼，想休息一下"。

所以，我作为"三年级 × 班岸见同学的家长"，给老师打了电话。当老师问我"孩子怎么了"的时候，我回答道："儿子认为自己肚子不舒服，所以想在家休息一下。"

我没有说"孩子肚子疼不能去学校，我作为家长替他请假"之类的话。孩子想上学还是休息，不是父母的责任，而是孩子自己的选择。当说出是孩子自己要休息时，我能感觉到电话里老师的语气有一些不愉快。

我觉得孩子想休息一下、暂时不去上学，是不需要理由的事。但是没有理由大人们不同意，就非得创造出个什么理由来。如果孩子不想上学的话，就让他休息一下不行吗？

所以我对儿子说："想休息一下就休息好了，我可以和学校联系。不用非得说肚子疼之类的理由。"

回到一开始的话题，你要让员工明白：不用非得寻找一个"停电了所以赶紧回家了"这样的理由来逃避工作。如果员工觉得这份工作超出了自己的能力，或者非常不喜欢这样的工作，他们可以坦率地跟领导协商。当然，领导也要把重点放在"识人善用"上，让合适的人去做合适的工作，而不是为难无法胜任的人。我想这就是此次"停电事件"对于管理者的参考价值。

年轻管理者：如何知道员工的能力能否胜任某项工作呢？一边让对方协助工作，一边判断吗？

哲人：越是工作经验丰富的人，越是容易低估一份工作对于新手的难度。更何况有的领导对下属寄予厚望，会想当然地觉得"这点事绝对没问题"。但是领导眼中的"这点事"，对年轻人来说可能是很困难的事。如果做不到的话，希望他们能提前说出来。

当他们对你说"做不到"的时候，你要耐心地指导一下。可能在你指导之后，他们会觉得容易上手一些。你说的那位年轻后辈，可能在尝试之后察觉到了这份工作的难度，所以一停电就赶紧跑路了。

所以，下属真的做不到的话要提前沟通好，得到领导的指导才可以。

年轻管理者：但是我觉得，她可能也不是因为"太难"或者"做不到"这样的理由逃走的。或许她的想法是："这么单调的工作不是我想要的，为什么不能给别人做呢？"

哲人：那也要和她本人谈谈之后才能做判断。而且她也没有意识到，这份所谓"单调"的工作其实对公司来说非常重要。

年轻管理者：是这样的！

哲人：之前我在医院的精神科工作时，领导让我承担一部分前台接待的工作："在你没有来访者的时候，麻烦到前台搭把手。"

我听了非常不高兴，对他说："我的本职工作是心理咨询，为什么要承担前台接待的工作呢？"这不是轻视前台接待工作的意思，我认为术业有专攻，这件事应该交给专门的人来负责，不应该让我"兼职"。

但是后来回忆起来，我发现这些说法只是我逃避这项工作的理由罢了。

而且真正参与前台接待的工作后，我注意到了一件之前从来没有注意过的事情。

前台的工作比我想象的要难上千百倍。一般大型医院的一楼会设有"综合接待"区域。由于身体不舒服来到医院，但是又不知道具体去哪个科室挂号的患者大有人在。这时他们会先去前台问明白后再去挂号。所以，站在这里的护士，一定是工作经验丰富的佼佼者。她们不仅要精通疾病的种类，还要非常熟悉医院的内部结构。

而我工作的精神科的前台也要面临类似的挑战。在发现这一点之后，我承担接待工作的意愿更强烈了。

刚踏入社会不久的年轻人很难意识到一份工作背后的意义和价值。比如工资计算这项工作，"你以为这项工作是谁都能做的单调工作，但其实不是这样……"如果没有提前沟通过的话，年轻人或许很难踏实地做下去。那时你跟她是怎么交代的呢？

年轻管理者：布置工作的时候也没多说什么。但是一起开始工作之后，她仿佛流露出这样的情绪："我这么优秀的人为什么要做这样的工作？"

哲人：我并不认可区别对待工作性质的行为。但不管是什么工作，如果不踏踏实实打牢基础，那就不可能继续承担更有挑战性、更重要的工作。所以不要批评她，而是要冷静地传达这样的信息："如果现在这份工作做不好的话，我们很难交给你更有挑战性的工作。""如果你今后继续努力的话，一定能得到更重要的项目机会。所以你要为此好好学习，打下基础。"

年轻管理者：是的。

哲人：谁都希望自己被他人信赖，希望得到让对方重视的工作。

年轻管理者：是这样的。那时我就应该意识到，那位后辈是和我平等的人，我要尊重并且信任她，和她一起处理问题。如果当时我就以这样的姿态交代工作的话，可能停电的时候就不会那么尴尬了。谢谢先生，这个困扰了我将近十年的心结今天终于解开了。

对话 15：如何对待那些既顽固又比你年长的下属？

年轻管理者：先生，最近我因为一位年长的下属烦恼不已。因为他已经是一位老员工了，工作经验也很丰富，所以管理层对他的意见是：如果业绩还行的话就不要管他了。但是，他现在的业绩并不理想。

在我眼里他并不是一个没有能力的人；恰恰相反，我认为他的水平很高、能力很强。正因如此，他现在的业绩表现才令人着急。

总觉得他在某些方面还可以再改善一下，也想给他一些建议。但是，这么做可能会伤害一个老员工的自尊心，所以不能直接开口，只能旁敲侧击。其实我也知道直接说清楚会比较好，但是一考虑到伤自尊这件事，我就会犹豫，不知道怎么办才好。

哲人：在职场中，并不是有能力的人就一定能取得好业绩。

年轻管理者：是啊！他具备十足的匠人精神，但同时也有点"固执"。我想其他同事也想对他说："要是能听听别人的意见就好了。"但或许正是因为他很有能力，自尊心也很强，而且又是"老手"了，所以很难将大家的意见听进去。这种时候该怎么办才好呢？

哲人：这个问题关系到很多概念，我们先谈点基础性的。

领导大致可以分为两类。一类是只关心工作是否完成的"目标达成型"领导；另一类则被称为"人际关系型"领导：比起工作这件事，他们更关心有没有搞好人际关系。

年轻管理者：原来如此。回想一下迄今为止接触过的领导，好像确实可以分为这两类。

哲人：这两个分类并没有高下之分。

但是，人际关系型领导更容易有这样的困惑："如果这样对他说话，会不会伤害对方的自尊心呢？" 即使下属在工作上已经出现了失误，领导也很难指出他们的问题。

年轻管理者：我可能就是这种类型啊！

哲人：工作上的失误应该摆在最优先的位置，人际关系是次要的。作为领导，你要指出下属的问题，这没什么可犹豫的。同时你也要说明白，这只是工作上的失误，与他的自尊心没什么关系。

但是，非常在意人际关系的领导往往会忽略上述事实，或者即使意识到了也不敢行动。

和出现失误一样，下属在没有充分发挥自己能力的时候，领导也有必要向他们好好指出这件事。这是第一点。

年轻管理者：我记住了。除了这一点，还有什么要注意的呢？

哲人：另一点就是，虽然这么说对领导来说非常残忍，但下属没有充分发挥自己的能力，也是领导的失职。总之，这就是领导没有好好指导下属的结果。

很多领导都没有意识到这一点：批评下属能力不足，其实等同于责怪自己能力不足。

年轻管理者：确实是这样啊！领导说下属"无能"的那一瞬间，其实也是承认了自己作为领导的无能。

哲人：领导和下属的关系与亲子关系不太一样，此时"课题分离"的观念是行不通的。

年轻管理者："课题分离"是我在和先生咨询孩子的事情时经常听到的概念。

哲人：在养育孩子的过程中，如果遇到孩子不爱学习之类的问题，父母要意识到，这是孩子的责任，不是父母的责任。孩子的成绩上不去，是因为他们自己不爱学习，父母不需要为此大动肝火。

年轻管理者：这就是阿德勒心理学中的"课题分离"。

哲人：父母能意识到这一点，亲子关系才会好转。即使孩子不爱学习，父母也没有必要指责；即使孩子没有考出好成绩，父母也没有必要为此担心。

我自己从来没有对我的孩子说过"要好好学习"这样的话。即使我不说，孩子们也有自己的判断。他们可以选择好好学习，可如果发现了比学习更重要的事情，也可以选择用自己的方式度过学生时代。

不管怎么说，学不学都是孩子自己的责任，不是父母应该干预的。

即使孩子成绩不断下降，父母也没有必要参与其中。

年轻管理者：是的，我们家的亲子问题也是通过"课题分离"解决的。

哲人：但是在职场中，下属的业绩上不去，或者频繁出现失误，领导就不能说这是"下属的责任"了。领导不能抛弃下属独善其身，要把下属的问题当成自己的"共同课题"。

学校的老师也是同样的道理，他们不能和学生"课题分离"。

假如学校的老师拿着我女儿的成绩单来家访，对我说："请看这个成绩单。您的女儿好像跟不上我的课程节奏，要不然多上点补习班吧？"

年轻管理者：假如真有老师说出这番话，我会认为这是在逃避责任。

哲人：是的。如果我的女儿跟不上学校的课程，那说明老师的教学方法是有问题的。如果他能找到适合孩子的节奏来教学，孩子的成绩怎么可能不提高呢？把自己的教学方法放到一边不谈，反而让补习班来替他承担责任，这不是本末倒置吗？

职场上也是同样的道理。如果你看到下属某方面的能力比自己强，那就要自觉地去提高这方面的能力。

如果下属没有做出预想中的业绩，不要认为那是他的问题，而是你自己作为领导的失职："我平时的指导是不到位的。"或者至少要觉得这是"双方共同的问题"。

年轻管理者：意识到自己的指导方法有问题之后，接下来我该怎么做呢？

哲人：领导和下属直接商谈："该怎么做会比较好呢？"这个方法是可行的。

"我觉得你最近好像并没有在工作中发挥自己的实力，所以想和你谈谈，看看有没有什么改善的方法。"直接这么说出来就行，你要有决心和下属好好商量。

但正如你所说，这种做法可能也会引起他人的厌恶。下属听了领导的话也不会开心，沟通可能会陷入僵局。

如果是父母对孩子说"我觉得你最近学习情况不太好"，那么我不太建议这种做法。父母和老师针对最近的成绩责问孩子："这样下去怎么行呢？""再这样你就完蛋啦！"这些话多半会激发孩子内心的抵触情绪。他们心里也明白"学习的重要性"，但父母和老师的责问会让他们觉得自己受到了嘲讽、威胁和挑战。

当然，在亲子关系已经恶化的情况下的确会有这样的后果。

如果亲子关系不错，即使被父母问"这么下去怎么行呢"，孩子也不会觉得这是嘲讽、威胁和挑战。

所以领导和下属也一样，平时就要建立良好关系。

年轻管理者：原来如此。下属和领导的关系既与亲子关系不同，也有一些共同之处。如果平时能搞好关系，在下属出现问题时，领导才更容易及时指正。

哲人：如果你平时已经和下属搞好关系了，就不会如此害怕伤害对方的自尊心了。你可以坦然地对他说"这么下去情况不妙啊"之类的话。而且领导是带着要和下属一起解决问题的心态来沟通的，这也会让接下来的工作推进得更顺畅。

年轻管理者：我同意您的说法，但也体会到了在现实中实践它的难度：有好几次我试图指出下属的问题，效果却并不理想。感觉自己总是很难把问题说清楚，找不到合适的沟通方法，真不知道该怎么办才好。

我想可能还是要多训练自己才行，做到既不伤害对方的自尊心，同时也要把问题给说清楚。这是什么训练呢？保持平衡的训练？唉，太难了。

哲人：是的，实现起来的确很难。

年轻管理者：我认为最重要的是目标。领导和下属的目标是一致的，都是把工作做好，这也是我们聚在一起工作的原因。如果能让下属意识到这一点，事情可能会变得容易一些。

哲人：还有一点，就是必须要从更深刻的角度理解下属的工作。

年轻管理者："从更深刻的角度理解下属的工作"？这听起来有点难以理解。

哲人：比如，下属每天能按时上班是件好事，但不要认为这是理所当然的事情。

年轻管理者：原来如此！先生说过，要感谢这些每天按时到岗的员工们。能够按时上班，说明他们前一天晚上设置了闹钟，早上顶着困意毅然起床，换衣服，吃早饭，挤地铁来上班。即使有很多人受新冠肺炎疫情影响需要居家办公，但还是每天早上坐下来打开电脑进入工作状态，这也是值得感激的事情啊！

哲人：是的，不要把一切当成理所当然，要多向下属传达自己的感激之情，这是值得领导努力去做的事。

年轻管理者：现在居家办公的时间变多了。即便如此，我也还是有办法传达感激之情的。

哲人：但是领导无论如何都希望下属拿出业绩，如果下属觉得"怎么也做不到"，那就会挫伤自己的勇气。

当然，也不是说下属业绩不好也没关系，工作上的成果还是很重要的。但是，下属按时上班、没有缺勤，居家办公也能及时完成工作，这本身就是值得庆幸的事情了。领导要从心底感激这样的下属，经常对他们说"谢谢"。

我刚才说过，如果下属没有发挥出自己的能力，就是领导的责任。

年轻管理者：是的，对于管理者来说，这的确是很严厉的批评了。

哲人：另外，领导要多关注下属的"可能性"，这是非常重要的。

年轻管理者：同意。这句话也戳中了身为领导的我。有些事下属现在可能做不到，但未必将来也做不到。领导的眼光要放长远些。

哲人：现在的职场人可真不容易啊！如果放在以前，比如我的父辈那一代，大部分企业都实行终身雇佣制。员工进入公司后起码要工作十年、二十年，即使业绩平平也不会被公司裁掉。但现在的职场人必须要在进入一家公司后尽快取得优秀业绩来证明自己。

就连大学老师也是如此，如果一年不发表几篇论文的话，雇佣关系就会终止。我的儿子在大学教书，所以我经常会听他聊起这些话题，真的非常辛苦。论文是很难写的，如果不努力，可能一篇都写不出来。即使经过这样的努力，如果论文最终没有发表，那也会失去在学校继续工作的机会。

年轻管理者：烦恼的也不仅仅是年轻人呀。那些让我困扰的年长下属，如果业绩不提高的话，也可能面临失业的危机。您的儿子在高校工作，估计也希望自己将来发展得更好，能创造出更大的价值。但无论做什么工作，现在的风险都比过去更大，但凡出错就要承担被解雇的后果。正如先生所说，当代职场有非常残酷的一面，有点像在战场上打仗。

哲人：在这样严峻的社会形势下，即使下属现在不能充分发挥能力，也希望领导能给他机会，相信他在未来的可能性："总有一天，他一定能发挥自己的能力。"

下属并不是为了满足领导的期待而工作的。即使没有达到领导的预期，自己也依然可以被领导接受，那么他们在接下来的工作中一定会比之前更加努力。如果下属没有这种踏实工作的心态，那一定是领导的责任。

我之前说过"承认存在"这个概念，意思是承认这个人本身存在的价值。当然，这与是否取得工作成果无关。领导要首先承认下属"作为一个人活着的价值"，这和亲子关系是一样的。

年轻管理者：确实是这样。之前我为亲子关系烦恼的时候，也是通过"承认存在"才有了改善。原来在领导和下属的关系中，"承认存在"也是很重要的。

哲人：不管孩子是否健康，成绩是好是坏；不管他们是不是符合自己内心的期待，有没有找到工作……只要孩子还活着，这本身就是一件值得感激的事情了。要向孩子好好传达这份心情，告诉他们："因为有你在，所以今天又是幸福的一天。"

但是，很多父母会把自己的理想强加给孩子，很多领导也会把自己的想法强加给下属。如果孩子或下属觉得这份理想太难实现，便会产生放弃的念头。

即使你说"就保持这样也没关系"，在现实中也有行不通的时候。

年轻管理者：是这样的。

哲人：但是我们可以从承认对方本来的价值开始，一步步构建与他人的关系。不仅是亲子关系，职场中的关系也是如此。

年轻管理者：真是这样的。不管是父母对孩子也好，领导对下属也好，都要尊重对方本来的样子。我也想成为一个"感谢对方存在"的父母和领导。

话说回来，想要表达这份心情的话，好像只能说"谢谢"吧？除了感谢以外，似乎也没什么别的更好的表达方式了，这也是我最近比较苦恼的地方。

哲人："谢谢"其实就够了，无论什么时候都要尽可能地多说"谢谢"。

不要觉得任何事情的发生都是理所当然的，要对他人心怀感激。每天从早到晚，找到机会就要说"谢谢"。

"谢谢"不是用来表扬他人的话，它和"好棒啊""真厉害啊"这样的话是有区别的。"谢谢"是用来肯定对方的价值和贡献的。人只有在感受到自己做出贡献的时候，才会觉得自己有价值。

自己并不是无用之人，感觉到自己能够对他人做出贡献，这份幸福感是无法替代的。而且，只有当你意识到自己的价值时，你才会肯定自己的能力。

在职场中，如果下属想肯定自己的能力，那么就要先意识到自己的价值，而价值感又源于贡献感。有时下属很难判断自己是否做出了贡献，这时领导就要发挥这一作用，帮助下属意识到自己的贡献。

比如，你在让下属帮忙复印文件的时候，不要使用命令的语气，也不要觉得下属理应帮你复印文件。你在拿到对方帮助你复印的文件时不要一言不发，应该向对方表达："谢谢你帮我。"本来是你自己应该做的事，现在有人帮你完成了，难道不值得感激吗？如果领导能真诚地传达感激之情，下属就能意识到自己的贡献，从而和领导建立互信关系。

年轻管理者：如果能建立互信关系，那么即使领导说出"这样下去可不太好啊"之类的话，下属也不会觉得这是领导对自己的嘲讽、威胁和挑战。这个过程并不简单，但值得所有领导为之努力。从今天起，我要把这件事当成我的目标去完成。

哲人：是的。与此同时，你也要从更深刻的角度理解下属的工作。平时没有打好基础，一旦下属的工作出现问题——尤其是那些年长的下属，你会很难开口纠正他们的错误。

相反，如果领导平时就关注下属的工作，经常与之沟通，即使领导说了什么严厉的话，下属也只会觉得"只是我这回的工作没有做好而已"，而不会觉得"领导在否定我的人格"。

所谓的职权骚扰，就是领导平时不好好和下属沟通，也不关注他们的工作，一旦出现问题，只会指责下属"能力不行"，然后不断地否定他们的人格。

年轻管理者：果然，在平时就建立好人际关系是很重要的。

哲人：很多惯于职权骚扰的领导都属于"人际关系型"领导，他们没有意识到"工作就是工作"。如果平时没法专注于工作本身的话，出现问题时，他们就会更容易攻击下属的人格。

年轻管理者：真是振聋发聩呀！所谓"人际关系型"领导，就是比起"做好工作"这件事，他们更关注"和他人的关系"。而只专注于做好工作的领导，就是"目标达成型"领导。本来我以为自己属于后者，但和先生聊完之后，我发现自己好像更接近"人际关系型"领导。所以，即使不想去那些应酬的场合也会强迫自己去，这也是我刚才说您的观点"振聋发聩"的原因。

哲人：下属在"目标达成型"领导手下工作会更轻松。那些相对职业化、只以工作成果来评价下属的领导会更容易相处。但在日本的职场中，"人际关系型"领导更多，所以才会有"不想应酬也不得不去"的情况。

年轻管理者：但是先生之前也说过，即使有"人际关系型"和"目标达成型"两种类型的区别，但它们并没有高下之分。

哲人：是的，如果大家都能做好自己的工作，那么这两种类型就没有高下之分。

但是，知道这两种类型的区别是很重要的。

有时"人际关系型"领导会陷入自己的情绪，不按照之前约定好的方式来推进工作，下属因此会左右为难。比如，下属刚要推进一个新项目，领导就生气地责问："这是什么新项目？我怎么不知道有这种项目？"

面对突然变卦的领导，下属要提前做好准备才行。有时我会教年轻人一些"阴招"。

年轻管理者：听起来好像很有意思。不过今天已经打扰先生太久了，我们改天再聊吧。

对话 16：接受公司业绩下滑的事实

年轻管理者：先生，今天要谈的事情和公司业绩有关。可能是受到新冠肺炎疫情的影响，公司的业绩持续低迷。

但即使没有疫情，我们所处的时代依然充满不确定性，我们要不断尝试、不断创新才行。不过，我们公司的风格整体偏保守。由于业绩下滑，我所在的部门不仅要削减成本，还要背上更高的指标，所以大家压力都很大，每天都很辛苦。

哲人：这次的新冠肺炎疫情是史无前例的事。

年轻管理者：是的。从我记事以来，除了"泡沫经济崩溃"，还有"雷曼危机"、东日本大地震等重大危机事件。可是这次疫情能够在全球范围内持续造成恶劣影响，真是前所未见。身处这样的时代，领导也应该改变自己，适应这种变局。

哲人：就算一件事有先例，人们的应对方式也是不同的。

此前发生的一些重大危机事件，总是有前例可以参考的。一边参考前人的经验，一边着手应对当下的问题，是很多人擅长的处理方式。而擅长这种方式的领导就属于"学霸型"领导："答案一定会有。只要参照过去的经验，总会想出办法。"所以你刚才说的那些危机事件，能让很多领导发挥自己的作用。

但这次的新冠肺炎疫情不同。即使大家都在接种疫苗，那也没法确定人类可以战胜这种病毒。

年轻管理者：的确如此。而且新冠肺炎疫情会如何影响大家今后的职业生涯发展，这也是无法预测的。

哲人：既然领导和下属都对未来一无所知，那应该怎么办呢？首先，领导要有勇气承认"自己也不知道答案"。明明不知道的事情还要装出一副知道的样子，这样反而会失去下属的信任。

试着换个思路考虑一下：在没有答案、没有充分准备的时候，一个人才能发挥自己真正的实力。

每次做公开演讲的时候，最让我紧张的是观众提问环节。毕竟一开始的演讲可以提前准备，只要充分练习就能顺利完成。但是对于提问环节，我能做的准备其实很有限，也不知道观众会突然问我什么问题。可是只有在这个环节里，我才能发挥自己真正的实力。

对领导来说也是一样的。在没有答案、没有准备的情况下，领导才能见识到自己真正的实力。

另外你还要明白一点：想让团队成员"放心"，领导要拿出依据来，否则说什么都是无效的。

现在的变局是史无前例的，做领导的不能是个盲目乐观的人。不能凭空安慰下属："没关系的，我们一定可以渡过这个危机。"一定要以"一切未知"为前提去解决问题。

领导也千万不要为了稳定军心而刻意隐瞒信息。你刚才说到公司的业绩在下滑，其实自从新冠肺炎疫情暴发之后，我的工作机会也在减少。类似的事情到处都在发生，公司无须隐瞒。"我们公司的业绩受新冠肺炎疫情的影响很深，短期内改善的可能性不大。"要敢于向团队成员传达这样的事实，这也是领导的任务之一。领导于此时刻意隐瞒事实反而会失去团队的信任。

年轻管理者：领导要勇于向下属传达真相，即使真相是负面的……我明白这个道理，但是在现实中执行起来真的很难啊！

哲人：在新冠肺炎疫情暴发初期，日本的感染人数与欧美国家相比，上升相对缓慢。这其实只是一个偶然结果，国家领导人根本没做什么，但他们却还因此心怀侥幸，觉得自己好像做了什么了不起的事一样。

在职场中也有类似的现象。领导把偶然的幸运视作自己的功劳，这也会造成失信。

年轻管理者：是的，这是常有的事情。

哲人：功劳不是强取的，要有"共同渡过危机"的意识才行。现实中甚至还有很多公司以疫情为理由进行大规模裁员。领导此时应当做的事情是站出来告诉大家："虽然不知道接下来会发生什么，但我要为了公司和团队尽可能地做出努力。"

回到新冠肺炎疫情暴发初期，西方国家的感染人数和死亡人数比日本多得多，但国民对政府的信任程度却比日本要高，因为他们觉得自己国家的领导人"在尽可能地做出努力"。

年轻管理者：是啊，当时德国总理默克尔的演讲至今使我记忆犹新。她在演讲中一边强调各国人民自由通行的重要性，一边也希望大家理解当前的隔离政策。远在日本的我听到这个演讲也产生了强烈的共鸣，我想一定有很多人和我的想法一致。的确，当时德国的情况要比日本糟糕得多。

哲人：所以说，管理者是要为结果负责的人。

我们都希望自己的公司能够成功渡过这场危机，经营上不受任何影响。但如果业绩真的下滑了，领导也要"跟上形势"，判断新冠肺炎疫情将如何影响公司的业务发展，以及接下来应该如何应对。

年轻管理者：但是，如果把现在这种严峻的情况如实传达的话，下属会不会变得非常不安呢？

哲人：是的，所以这是一件需要勇气的事。

年轻管理者：尽管如此，我还是想成为一个有勇气的领导：诚实、不隐瞒、光明磊落。在此基础上，我要树立"大家要一起努力共渡难关"的意识。

哲人：没错，领导不能总想着明哲保身。

以公司的名义为下属服务，是领导的义务。一个人能做的事情是有限的，但领导必须要向下属传达"尽一切可能地做点什么"的心情。所以，领导不要宣扬那些没有根据的乐观主义。

对于这个话题，阿德勒使用了"社会兴趣"这个心理学术语，英文是 Social Interest，指的是个体认同他人、同情他人的固有潜能。

不仅是企业中的领导，现在社会中的大多数人关心的都是自己。大家想的都是"现在发生的事情对自己有什么意义"。在这种情况下，领导至少要成为关心他人、考虑自己能为他人做点什么的人。

这份心情是有必要向下属好好传达的。

年轻管理者：但是，毫不掩饰地向下属传达当下严峻的状况，还是会让下属感到不安。所以，领导应在措辞上注意一下才行——这或许也是一种"关心下属"的表现。当然了，具体怎么说，这也是因人而异的。

哲人：没错，但至少领导不要说"别担心""不必焦虑"这样的话。在下属已经感到不安的时候，领导盲目地劝说大家安心，是无法给下属带来任何勇气的。

明白这一点之后，大家才能树立"一起努力共渡难关"的意识。

刚才我一直在强调，当下的形势让领导背负了巨大的压力。但是在我看来，领导的角色并不是"率领者"。为了渡过这场危机，领导不是要独自行动，也不是要自我牺牲，而是要坦率地对大家表明："我也不知道该如何应对这次前所未有的危机，但是一定会和大家一起做力所能及的事。"这也是"民主领导力"的一种体现。

"我也会有不安的时候，我知道你们比我更焦虑，但是让我们一起想办法克服困难吧！"

我认为敢于说出这些话的领导，更容易得到下属的信赖。

对话 17：如何缓解居家办公的焦虑?

年轻管理者：新冠肺炎疫情暴发后，大家要适应很多前所未有的新情况，比如居家办公。我们公司在原则上是允许大家居家办公的，所以大多数员工一个月顶多来公司一两趟。

哲人：嗯，是的。

年轻管理者：虽然知道现在居家办公是常态，但领导总是看不到团队成员的话，心里还是会焦虑。因为和下属当面沟通的机会变得越来越少，也不知道他们最近的困惑和烦恼是什么，所以也无法给出建议。

哲人：我认为居家办公是一种社会进步的体现。

年轻管理者：是这样吗?

哲人：极端点说，飞机高铁这些交通工具，并不是当今商业世界所必需的。不用特意出差，用线上会议沟通也能解决问题。

年轻管理者：但是，面对面交谈和线上会议的感觉还是不同的。尤其是作为会议主持人的领导，似乎难以和下属进行有效的沟通。

哲人：如果像以前那样开会，年轻人是非常讨厌的吧? 领导以非常具有"压迫感"的姿态出现在会议室里——不过这样的领导已经过时了。

但如果是线上会议的话，当某个人"不说话"的时候，那就和他"不存在"的感觉是一样的。

年轻管理者：是的，线上会议可能会让领导失去"压迫感"。

哲人：正因如此，如果领导能好好发言，下属也会说出自己想说的话，这就是线上沟通的好处。所以，我认为居家办公、线上沟通的形式对工作是有利的。

如果就这么继续保持下去也没关系。想想从前，我们每天要在人挤人的地铁里花上一两个小时去上班，还以为这是理所当然的事。但是新冠肺炎疫情暴发一两个月以后，居家办公的形式就已经让很多人意识到从前的通勤有多么浪费时间。

尽管如此，每当新冠肺炎疫情稍有缓和，大多数公司就会恢复正常通勤——领导还是觉得亲眼见到下属到岗比较好。但是，我们好不容易进入居家办公的时代了，还是承认这种进步吧！

年轻管理者：原来如此，先生是"居家办公派"呀！可能我比较保守，还是觉得能和下属面对面沟通会比较好。

哲人：我认为居家办公给"民主领导力"创造了机会。

年轻管理者：领导和下属虽然职责不同，但在人际关系上是平等的，这是先生之前强调的"民主领导力"。

哲人：是的。如果以下属和领导之间的关系平等为前提，那么领导用"权力"压迫下属工作本身就是错误的。我认为领导应该通过"沟通"和下属建立合作关系，这才是领导力本该有的样子。

年轻管理者：孩子和父母，下属和领导，如果都能在"民主领导力"的基础上好好沟通的话，家庭会和谐，企业也会良好地运转。

哲人：我认为居家办公更容易创造"民主领导力"。

年轻管理者：为什么呢？为什么居家办公更容易创造这样的领导力呢？

哲人：因为没有某种氛围的干扰。

居家办公时大家感受不到"职场"的氛围，所以我一开始也不习惯和他人线上沟通，觉得这样很难推进工作。

但随着新冠肺炎疫情的影响不断扩大，我举办线上演讲会的次数也越来越多了。有一次主办方对我说，当时的在线人数达到五百人，他们都对着自己的电脑在看我演讲——想象一下这个画面，还是挺让人惊讶的。有时我也能看到大家的脸——如果他们愿意打开摄像头的话，但人多的时候我就看不到了。即便到了提问环节，大多数时候我也只听到声音，看不见人们的脸。

起初我非常不安，因为我看不到演讲过程中大家的反应。举个例子：如果站在舞台上，有一束强光照着你，那么你会完全看不到观众席上大家的表情。我觉得自己就是在类似的情况下演讲的。

年轻管理者：我理解这种心态。如果只开着语音通话模式和下属沟通工作，根本看不到对方的表情，我心里也会非常不安。

哲人：甚至有时我回过神来才注意到断网了，而且还不知道断了多久。

在以前的公开演讲中，我会根据观众的情况改变话题。如果台下的观众大多是年轻人，那么讨论育儿话题就不太合适，所以我会根据情况改谈恋爱之类的话题——以前一直是这样处理的。这其实是需要"察言观色"的方式。

可是如果条件不允许，那就干脆停止这种"察言观色"的行为吧！好好做自己就可以了，相信自己正在讲的东西正是观众所需要的，假装自己是被接受的，就这么想就好了。

线上会议也一样，以前下属会一边说话一边观察领导的脸色，但现在什么也看不到，那就不用考虑"如果说了这样的话领导会怎么看我"之类的问题，可以让自己处于自由发言的状态。

你刚才问为什么居家办公更有利于创造"民主领导力"的环境，因为没有"职场氛围"的干扰，这就是答案。领导应该好好利用这样的沟通机会。

年轻管理者：原来如此。可是我不知道那些年轻下属是怎么看待线上沟通的，也不知道他们是不是真的能处于"自由发言"的状态。

哲人：大学老师的情况可以给你些参考。他们都表示，在上网课时，学生向老师提问的次数会大幅增加。

年轻管理者：啊！这个我也听认识的老师说起过。

哲人：我也有过在大学教书的经历。当我在课堂上邀请大家提问时，很少能得到回应。反而等到下课之后他们才会过来向我提问，而且还得排队。

年轻管理者：这样就很麻烦。

哲人：是啊！如果上课时向我提问，那么课堂上所有人都能听到我的回答，遇到没讲清楚的地方也可以继续交流下去。

但大多数学生还是害羞的，不敢公开提问，只敢下课后独自来找老师。从老师的角度来看，只为一个人留出时间有点可惜。同样花费30分钟，用在课堂上回答公开提问的效果会更好。

但是上网课就不一样了，学生们都是直接向老师提问的，气氛比之前的课堂活跃多了，这让很多老师都感到欣慰。

所以，在线上沟通的时候，人们会更想说出心里话。

年轻管理者：原来如此。到目前为止，因察言观色而"不好意思说话"的那些人，在线上沟通时会更愿意开口。这么想来，这确实有些道理。但是线上会议的应用程序里还有聊天窗口，我的下属有时也会用文字消息的方式来提问。这一点也让我困惑：为什么不直接开口说出来呢？

哲人：这也是这些应用程序的优点，你可以好好利用。

在线上沟通的过程中，员工感受不到压迫的气氛。从领导力的角度考虑，这时不管怎样都是好好交流的契机，要充分听取他们的意见。

这些用于线上会议的应用程序是本着"好好沟通"的目的制作的，领导的权威反而是被忽视的因素。所以，你要抓住这样契机，让平时不敢开口说话的员工说出心里话。

我在推特上看到过这样的新闻：在家里开线上会议的丈夫收到了妻子递过来的小纸条，上面写着"原来你平时上班时是这副样子啊"。

年轻管理者：这么一想真的很可怕啊！我的孩子有时看到我在电脑前开会的样子，他会很惊讶地问："原来爸爸在外面是这样的人吗？"不管是褒义还是贬义，听到别人对你说"原来你是这副样子"之类的话，真的不太好受啊！

哲人：在居家办公期间，家人很有可能会看到你的"另一面"。如果你说话的方式和在家休息时不同，非常具有压迫性，那当然会让他们惊讶。这也是这次大规模居家办公带来的冲击之一。

年轻管理者：但是，看不到下属的脸，作为领导的我心里还是会有些不安。并不是我怀疑他们没有好好工作，而是担心他们的生活是否一切正常、工作是否遇到困难等。大家都在办公室里的时候，我可以从他们的表情和声音中找到一些信息——这也是在职场办公的意义。在面对面接触的过程中，我们一定能察觉到对方的更多情绪。

哲人：我能理解你的想法，但是和工作无关的事，还是不要想太多了。

年轻管理者：您是说不要想这些？

哲人：是的，没有必要考虑这些。线上会议的目的是推进工作，开会时只把注意力放在工作进度上就好了。他们只是你的同事，在这一刻，你们是为了工作而连线的。下线之后，工作上的问题不会在大家心中占据太多位置。从某种意义上讲，这也是居家办公令人轻松的地方。

但是包括你在内的很多人是不能认同这些观点的。尤其对于看重"人际关系"的职场人来说，居家办公、见不到同事的状况简直让他们难以忍受。

但如果只考虑"工作本身"的话，那就不用浪费时间在别的事情上，这样难道不好吗？

年轻管理者：是啊，对于那些很看重私人时间的年轻员工来说，居家办公反而是件好事。

哲人：那些应酬的酒会也不用去了。

年轻管理者：很多日本企业的价值观仍然是"把公司当作大家庭"，这种观念现在已经被慢慢动摇了。还有一些大家已经习惯的团建活动，比如员工一起旅行、开运动会、开欢迎会或者开"忘年会"等，也会因为这次新冠肺炎疫情而受到冲击。

哲人：是的。不过"家"毕竟是全家人一起生活的空间，居家办公现在还是一件不得已的事。但是，居家办公的确增加了我们陪伴家人的时间，这也是它的好处之一。

包括我在内的很多人一直过着"以工作为主导"的人生，这次居家办公一定让很多人意识到了人生中那些比工作更重要的事情。

我认识的一位总经理，需要定期通过线上会议向董事会汇报工作。他们家祖孙三代同居，在汇报的过程中，小孙子会突然闯进来打断总经理的汇报——这样的事情以后说不定会成为常态。

年轻管理者：确实是这样的，我也有过类似的经历。在进行重要会议的过程中，孩子突然进来跟我说话，紧张的气氛一下子就被打破了。

哲人：所以和之前的职业生涯相比，现在这种居家办公的形式让我们过上了更"人性化"的生活。相信很多人会以此为契机，重新审视工作的意义。

年轻管理者：确实，很多传统的日本男性会把公司当成"家"，却忽视了自己真正的家人。

哲人：所以正如你所感受到的那样，居家办公虽然会带来很多困难，但是好处也很多，而且你也感受到了这些好处。

很多人都在讨论"新冠肺炎疫情过后会怎样"，我认为没有必要考虑这些。倒不如想想，如果我们回不到新冠肺炎疫情暴发之前的样子，那该怎么办？新冠肺炎疫情暴发以来，人们经历了各种价值观层面的冲击。如果大家认为新的价值观更优秀，那就更不可能回到原来的样子了。

今天探讨的主要话题是职场上的价值观转变，但我们绝对不是为了工作而活着的。

年轻管理者：嗯，我想是的。现实中谁都需要赚钱，但即使知道这个道理，我也不想把赚钱当成人生的目的。

哲人：是的，如果我说"人不是为了工作而活着"，马上就会被反驳吧？"不工作、不谋生，人怎么继续活下去呢？"但这种理解方式是错误的。

以前也说过，我已经和心肌梗死这种疾病打了很多年交道了。离世之前的每一天，我都要靠吃"华法林"这种药维持生命。可是绝对不能说，我是为了吃这个药而活着的。

工作也是一样的道理。

年轻管理者：所以说，人不是为了工作而活着的。

哲人：是的，人是为了幸福而活着的。

如果拼命工作也看不到意义和价值，或者总觉得自己不幸福，说明工作方式有待改善，又或者说现在做的是不适合自己的工作，当然也可能是这家公司有问题。以这次新冠肺炎疫情为契机，我们可以好好审视一下自己的工作。

第三章

中层管理者的困境破解之法

对话 18：我的"野蛮"同事

年轻管理者：先生，当初我收到公司通知，得知自己即将进入管理层之后，心里居然有一丝"厌恶"，可能是因为到目前为止我遇到过很多令人厌恶的领导。

哲人：是的，你之前是这么说过。

年轻管理者：令人厌恶的领导，一定会将他周围的人卷入各种烦恼。在我眼里，先生是个温柔和善的人，总是站在"性善论"的立场评价别人。但现实的职场中还是有很多"恶劣"的人存在。

哲人：的确会有。

年轻管理者：比如有的人会想尽办法排挤那些自己不喜欢的人。今天我就想和先生聊聊这些人的可怕之处——简直太令人难以置信了。

哲人：你的脑海中是不是已经出现某个人了？

年轻管理者：嗯，是的。他是目前在同一个项目组一起工作的同事。不管发生什么事，他都只会指责别人，总觉得自己一点问题都没有，真的很让人头疼。

他曾经也有过辉煌的业绩，这是他自豪的资本。可是现在他负责的那部分工作没有取得任何成果。他要么抱怨领导不好、同事不行，要么就是指责客户太刁钻，总之都是别人的错。我相信这种人在任何公司都存在，只是他带来的影响更恶劣一些。他周围有很多同事因其受到打击，工作效率下降，甚至还有人因此患上心理疾病。但是，他本人一点也不在意这些，甚至不知道自己伤害到了别人。

哲人：这样的人的确存在，他们的自尊心很强。而且这种人基本是"无能"的，这是后话，我们以后再找机会解释他们为什么"无能"。现在要说的是，他们知道自己是无能的，正因为知道，所以才会隐藏自己的无能，把责任转嫁给其他人，目的是保全自身。

我们首先要明白，的确会有这样的人存在。我们要先意识到"他是这种人"，而不是先怀疑自己。

其次要知道，与"目标达成型"不同，这种人属于"人际关系型"。

年轻管理者："目标达成型"的人只关心"工作本身"；"人际关系型"的人则会把与他人的关系放在优先位置，而把工作放在次要位置。

哲人：是的，比起工作本身，自尊心强且无能的人更关心与周围人的关系。他们更容易为了掩盖自己"工作不力"的事实，而把责任转嫁给周围的人。

年轻管理者：所以，他对自己周围的人总是带有攻击性。

哲人：遇到这样的人，你只能先明白"他就是这种人"，然后再考虑如何与他相处。

年轻管理者：我就不能直接和这样的人断绝来往吗？

哲人：能断绝来往是最好的，可是万一在职场中有工作对接关系，那就很难做到断绝来往了。

不过，先看透那个人的本性之后再去和他来往，与之前看不透的时候相比是有很大区别的。

如果那个人把自己应该承担的责任转嫁给你，你的第一反应应该是"他做错了，不是我的问题"，而不是为此受伤、自我怀疑。

年轻管理者：是啊，果然要弄清楚才行。

哲人：是吧？

对于那些为了保全自己而"甩锅"给你的人，我们必须明确地告诉他："你的说法没有事实依据，这是你搞砸了，不是我的问题。"这样的话说出来可能会引起一些风波，但正是此时，我们才需要鼓起"被讨厌的勇气"。

如果不鼓起勇气挑明立场，那么谁都无法改变现状。

年轻管理者：是啊，这种人的性格是很难改变的。

他在公司里是个不停说别人坏话的人。如果事情关系到自己的直属领导，那么他就会和直属领导的上级领导说坏话。可不知为什么，他总能和那些高管搞好关系。

每个公司都存在这样的人，只是当他真正出现在自己面前的时候，我们才能体会到这种苦恼："世界上怎么会有这样的人啊！" 看来我必须得把话说清楚才行，被他们讨厌也没办法。

哲人：人是不会吃亏的，只会做对自己有好处的事。

年轻管理者：是啊！

哲人：这里提到了"吃亏"和"好处"。柏拉图用"行善还是作恶"来判断自己是否应该采取行动，而这种人只会从"是否对自己有利"出发来行动。

也就是说，即使是会让别人为难的事情，只要对自己有利，这种人就一定会采取行动。只有当他们知道"现在的行动对自己没好处"时，情况才会发生改变。

年轻管理者：刚才先生的意思好像是说这种人"本性难移"，但现在又不是这个意思了？

哲人：其实我想说的是，有人竟然会支持这种人的荒唐行为。

年轻管理者：是的，的确有！真的让人难以理解。

哲人：有的员工内心也明白这种人行为失当，但却又抱有侥幸心理，觉得"或许跟着这样的领导，自己也会出人头地"。正是这些想法助长了那种人的歪风邪气，让他们得以继续横行霸道。

所以像刚才说的那样，明确传达自己的立场很重要，要让他们意识到自己的"暴行"是行不通的，同时也要鼓励周围的人不要继续忍气吞声。

虽然这不是一朝一夕就能改变的事，但随着时间流逝，情况是会慢慢改善的。

年轻管理者： 原来如此。先生说"他们就是那种人"，并不是要我们彻底放弃与他们来往，而是要积极地做出改变。明白这些之后，我的心里好像更有力量了。

对话 19：如何看待职场中的"站队"现象？

年轻管理者：接下来要讨论的问题让人很头疼，所以我有些难以启齿。关于上次提及的那位"野蛮"同事，其实他的事我还隐瞒了很多，这回也想说出来听听先生的意见。

为什么这样的"野蛮"同事可以在职场中横行霸道呢？仔细思考深层原因就会发现，他真的很会"站队"。他和自己的直属领导、公司其他高管的关系都很好，私下里经常一起去喝酒。所以周围那些敢怒不敢言的同事，很可能是畏惧他和高层之间的关系。

也就是说，他是个"狐假虎威"的人，总是向大家散发这样的信息："我上头有人！""就算某人看起来是我的领导，可是他根本管不了我！"这样的态度和表现深深地刺痛了团队成员的心。

哲人：这其实是一种"自卑感"。

年轻管理者：这是"自卑感"吗？

哲人：所谓"狐假虎威"的人，内心其实是瞧不起自己的，觉得自己很差劲，所以才要从别人身上借力。他表现出来的蛮横态度，其实是一种常见的"补偿行为"：讨好领导，贬低下属，以此弥补自己的不足，抬高自己的价值。

阿德勒称这种行为为"价值降低倾向"。这些人无法从自身出发，努力提高自己的价值，而是通过"降低他人的价值、减少他人的存在感"来提升自己的价值。这就是"价值降低倾向"。

年轻管理者：原来如此！明白这一点之后，我好像没那么难受了。

哲人：阿德勒将职场分为"第一战场"和"第二战场"——虽然我不太赞同把职场称为战场，但是阿德勒的确是这么表述的。"第一战场"就是我们日常工作的场所，这里发生的"战斗"就是好好完成我们的本职工作。

但是，那些知道自己的能力不足且无法完成"第一战场"任务的人，就会把注意力转移到"第二战场"，比如讨好领导、贬低下属，以此提升自己的价值。总之，这些在"主战场"上无法发挥价值的人，总会找到一个"副战场"来保全自己。

年轻管理者：这不就是职权骚扰吗？

哲人：因为是"副战场"，所以这里发生的事情和本职工作关系不大，但他们却花费心思在这里找机会辱骂下属、贬低他们的价值，然后提升自己的地位。阿德勒认为，做出此种举动的人往往都有很深的"自卑感"。

可是他们平时又会对外展示出一副很伟大的样子，炫耀自己的能力。其实真正优秀的人是绝对不会炫耀自己的优秀的。优秀的人只会把优秀当成习惯，故意炫耀的人反而暴露了他的自卑感。我也认同阿德勒的这种观点。

如果遇到经常对下属进行职权骚扰的领导，这当然是件非常不幸的事。但如果看透了对方的本质再和他相处，心态上会和从前很不一样。即使听到对方说了一些难听的话，你也不会被伤得太深。

年轻管理者：是的，如果是出于"自卑感"才表现出这副样子的话，我突然觉得他们也挺可怜的。

但是听了您刚才说的话，我也产生了一些疑惑。

哲人：是什么呢？

年轻管理者：在"副战场"上欺负别人的人，在"主战场"上都是无能的吗？这就是我的疑惑。

我有一个朋友曾被提拔为公司的首位女性部长，但仅仅一年后就因为职权骚扰被降职了。回想起她的工作态度和方式，如果只考虑她在"主战场"上发挥的价值，那无疑是很优秀的。但是，她在"副战场"上的表现还是让我吓了一跳：作为朋友的我都觉得她有职权骚扰的倾向了。再加上"首位女性部长"的头衔，这就更容易让她处在风口浪尖。被她打击过的团队成员表示，她比某些有问题的男性领导更让人讨厌。

我们暂且不谈性别的话题。像她那样在"主战场"上发挥出色的领导，却在"副战场"上引起众怒而被迫降职，这对她本人和公司来讲都是损失。有没有什么办法来防止类似的情况再次发生呢？我觉得实在是太可惜了。

哲人：正如你指出的那样，并不是所有人都是因为在"主战场"上无法发挥价值，才要去"副战场"折腾别人的。

无法将注意力集中在"主战场"上的人基本都是"人际关系型"的人，

这样的人不满足于只胜任"主战场"的工作，他们希望自己在"副战场"上一样能取得胜利。

的确，有很多"人际关系型"领导在工作方面很优秀。但如果一个领导开始关注和工作无关的事情，那他也会逐渐远离"优秀"二字。

年轻管理者：有没有什么办法让这些优秀的领导集中注意力在"主战场"上，不要在意那些多余的人际关系呢？换句话说，让他们只在"主战场"上发挥能力就够了，不要在"副战场"上瞎折腾了。

哲人：我们应在"副战场"中尽量和那个人保持距离，不管他说什么都假装听不到，或者听听也就过去了，不必太在意。

"人际关系型"领导害怕被忽视，所以在与工作无关的场合也要斥责下属几句，刷一刷自己的存在感。即使他们知道别人会厌烦自己，但只要得到回应，他们心里就会好受些。如果周围的人一直顺应这种习惯，那么他们就会越来越得意忘形，做出变本加厉的事情来。

所以，我们应该让这种人意识到："你在私下里不用做这些。工作上做到优秀，我们就能够认可你了。"

年轻管理者：也就是说，如果希望这种人在"副战场"里老实一些，那么不理睬他们就好了。

哲人：与其说不理睬，不如用"不关注"这个词。就和那些大声哭闹的孩子一样，很多时候他们只是在获取大人的关注。父母担心孩子吵到别人，才会严厉地批评他们，想让他们赶紧停下来。但这样做往往效果不佳，孩子会越闹越厉害。其实不关注的话，他们一会儿就安静了。

年轻管理者： 所以，那些在"副战场"上瞎折腾的领导，和为了引起父母关注而哭闹的孩子一样吗？

哲人： 是的，如果他们是在工作中表现优秀的人，那就更应该注意这一点。尤其是那些经常对下属进行职权骚扰的领导，如果觉得自己在工作中是有自信、有能力的，那就赶紧改掉这种在其他场合也要"引人注目"的坏习惯。

年轻管理者： 我们应在"副战场"上不要和他们打交道，但是在"主战场"上要充分肯定他们的价值，感谢他们的贡献。先生刚才说："你在私下里不用做这些。工作上做到优秀，我们就能够认可你了。"我现在理解这是什么意思了。

哲人： 这并不是一朝一夕就能解决的问题。

我们之前也说过，领导要关注下属的可能性，即使他们现在还无法做出令人瞩目的业绩。但如果因为下属暂时没有业绩就在"副战场"上折腾他们，这样的领导也是自信水平很低的人。我们平时要多向这类人表达类似的话："这回的工作做得好棒啊！""我也想像你一样做出成绩！""在你的帮助下，我觉得自己正在进步。"

完全不需要拍马屁，只要在"主战场"上向他们表达尊敬就够了。

对话 20：如何获得职场中"拒绝应酬的勇气"？

年轻管理者：先生，前几天关于公司的"站队"问题，我还有些话没说完。

前两天我也收到了来自那个小圈子的酒会邀请。我想在任何公司都会有这样的站队现象，不想办法融入那个圈子就不能出人头地。如果接受了这样的邀请，说不定我也能进入那个圈子，获得升职加薪的机会；如果拒绝的话，那就像现在一样，继续过着平淡的职场生活。我知道这番话听起来有点傻，可是认真思考起来又会觉得非常烦恼，难以做出抉择。

哲人：这样啊！不过在我看来这件事很简单，你自己之前不是也说过"不想参加这种应酬"吗？那就不要去。

年轻管理者：这样就行了吗？

哲人：因为你讨厌这样的应酬场合，所以在自己成为领导之后，才会烦恼不已吧？

年轻管理者：是这样的。

哲人：既然如此，那你就听从自己内心的决定就好了。其实那些小圈子内部很团结，后来者很难融入。

年轻管理者：没错。

哲人：而且正如你所说，任何公司都会有这样的站队现象。

我在很久以前就下定决心，绝对不要加入任何一个小圈子，即使遇到对我不利的事情也不能站队。虽然听起来有点极端，但是如果不站队就不能出人头地，那这样的公司也不值得我们留下来努力工作。你最好也能明白这一点：如果这家公司非得让你站队才行，那还不如趁早离开，找一个更值得你奋斗的地方。

有很多人支持我的想法，也有很多人觉得不站队就是"死路一条"。你不如遵照内心的真实想法行动就好了。如果像你一样拒绝应酬、拒绝站队的人不断增加，社会风气也会发生变化。你可能正在亲身实践一项社会健康行动：拒绝应酬，从我做起。

年轻管理者：但如果真的拒绝应酬的话，可能会被批评为"情商低""不会处理人际关系"，这么想想也挺可怕呀！先生让我遵照内心的真实想法行动就好，说实话，我心里还是有点不踏实。

哲人：关于这一点，你要让别人意识到："这个人可能不太会处理人际关系，但是工作能力没问题。"你看，只要好好工作就可以了。其实大多数人都需要这样的职场环境，他们为了躲避无聊的社交而埋头工作。你们要团结起来、互帮互助才可以。

年轻管理者：这就是您之前说的要在"主战场"上努力吧！如您所说，

我相信像我这样只想专心工作的人绝对不在少数。

哲人：嗯，事实上的确如此。

年轻管理者：这并不是需要吵闹才能解决的问题，我会找个合适的理由拒绝他们。而且只要拒绝一次，接下来再被邀请的可能性就很低了。谢谢先生，我改天再来拜访您。

对话 21：怎么对待那些滥用经费的人？

年轻管理者：先生，我发现很多有过优秀业绩的员工正在滥用公司的经费。尤其是销售部的员工，前几天跟您说起过的那位"野蛮"同事就是其中之一。我不知道该如何对待他们的这种行为。

想要拿下订单，与客户维持良好的关系是非常重要的，这个过程中难免要经常聚餐，所以要在餐饮招待上花很多经费。我自己也有相同的经历，但是让人在意的是这位同事的消费金额——他选的店是不是过于高级了？

这时候我应该怎么办才好呢？

哲人：公司应该会制定相关的标准吧？如果超出标准的话，那肯定不行呀！

年轻管理者：对的，而且最近我从一个关系比较好的同行那里知道，这个人有吃回扣的嫌疑。如果真要抓他的把柄，可以说是一抓一个准儿。

哲人：那样就更不能放任不管了。对于一个商务工作者来说，这属于不正当行为啊！

年轻管理者：是啊！

哲人：但是，那个人却觉得自己的行为是可以被原谅的，对吧？

年轻管理者：是的！我现在完全能够想象出来，如果我找他谈话，他一定会说："我拿的这点算什么？难道你不知道我为这家公司赚了多少钱吗？"

哲人：我们必须明白，他的行为完全出于个人利益，而不是为了公司的发展。

为了让行为正当化，他才要强调自己在工作上取得的成果，证明自己这么做是必须的。而领导要明白的是，这些人不是为了公司，更多的是为了个人利益。

年轻管理者：有很多领导好像根本做不到这一点。现在我也在领导的位置上了，但是不确定自己能够应对这一切。当然，我会努力尝试。

而且，餐饮招待费可能只是第一步，如果善于在经费上作弊的人反而能够出人头地的话，我真的无法想象他们将来还会做出什么更糟糕的事。

哲人：的确会有这样的风险。

年轻管理者：我感觉这个人随时会"越线"，想到这些就会觉得不安。

哲人：这种情况在政界经常发生。某个国家的领导人犯了某种错误，只要公开道歉一次，就能马上恢复原来的职位。同样的事情也会发生在企业里：如果高层的人把作弊当作常态，那么上梁不正下梁歪，整个公司都会被不正之风包围。所以，如果不想引起风波的话，你还是趁早把他的歪风邪气压下去比较好。

年轻管理者：但是，对方是有工作成果的人。

哲人：我明白你想说什么。但是，用这样的方法赚钱是长久之计吗？

年轻管理者：嗯，确实不行。

哲人：为了满足个人利益，用不正当的手段赚钱，真的会让人幸福吗？对于公司来说道理也是一样的。

之前说过，人是不会吃亏的，只会从个人利益出发采取行动。因此，一旦发现有员工用不正当手段来获取个人利益，就必须"杀一儆百"。这不是什么值得夸耀的事，只是必须要用这种手段来保障公司的正常运转。

对话 22: 被领导的一句"无心的话"伤到了, 该怎么办?

年轻管理者: 现在的我是一个中层管理者, 所以既是领导又是下属。我经常会为这种身份苦恼, 比如最近就发生了一件让我心里不太舒服的事。

前几天有一位同事离职, 我们给他举办了一次小型的欢送酒会。也许是因为喝了点酒, 我的领导说话也有点直接。

如果只是被他批评几句也还好, 但是他直接提到了另一个同事的名字, 在场所有人都听到了他的一番评价: "你看看他做得多好, 为什么你就不能像他那样呢?" "如果是他来干的话, 同样的事情, 他一定会采取比你更好的方式。" 这种点名道姓的对比真的让人深受打击, 我到现在都没有恢复过来。

哲人: 对于这样的领导, 你可以对他说: "这只是你的评价而已。"

"为什么你不能像他那样", 即使听到了这种通过表扬别人来贬低自己的话, 那也只是"领导对你的评价"。他的"评价"和你自己实际的"价值"是两码事。

不仅是职场, 在私下里听到别人说自己"真讨厌"之类的话, 大多数人也会深受打击。但这只是某个人的"评价", 并不等同于你的实际"价值"。再举个例子，如果你的恋人对你说"你真好呀"，这一定会让你非常开心。但也要意识到，这是恋人的"评价"，而不是你的"价值"。

就像这样，把"评价"和"价值"分开考虑就可以了。

年轻管理者：原来如此。我要意识到"别人的评价"和"自己的价值"是不同的。

哲人：我的女儿最近也开始找工作了，但是面试了很多家公司都没有拿到入职通知书。看到她一副满不在乎的样子，我还在想："这个孩子的内心还是很强大的。"结果有一次一起吃晚饭，她突然说道："别看我看起来好像没什么事，可是内心还是很受伤的。"一开始我被这番话吓了一跳，不过很快就理解了。是呀，怎么可能一点都不沮丧呢，连日以来她可是被拒绝了很多次呀！

于是我也和她讲了关于"评价"和"价值"的区别。

无论是工作还是生活，我们经常因为别人的评价而失魂落魄。但是，我们也必须知道，别人的"评价"不一定是正确的。

自己写的书出版以后，我经常会去购书网站看大家的评论。有很多人给出了"五星好评"，但也有个人只给我打了一颗星。我看到这位读者的评论只有两个字：无聊。这样的评论难免让我有些失落——是的，即使有那么多好评，我也会因为一个差评而感到失落。

所以，我也要努力调整心态，不让自己受到他人评价的影响。

年轻管理者：是的，现在想想，我为什么要这么在意领导对我的评价呢？我有点看不起这样的自己了。

哲人：希望你能坚定内心，把这种状态保持下去。用主观标准来评价他人的领导本身就有问题，没有必要因为他损害自己的精神健康。

年轻管理者：但是先生也会因为一个差评而失落呀，我还以为像您这样的人是完全不在意别人的看法的。所以，在因为"一星差评"而沮丧的时候，先生是如何排解的呢？

哲人：多去阅读好评。

公开演讲的时候，我总能在观众席中看到两类人。一类是四仰八叉地歪在座椅上，不管你说什么都听不进去的人。其实演讲的目标就是让观众接受自己的观点，可是他们总摆出一副"你在瞎说"的表情。也不知道他们为什么要来听我的演讲，但是作为一个正在输出观点的人，这副表情真让我伤心啊！

所以，我会试图寻找另一类观众：不管我说什么他们都会笑嘻嘻地点头、热心地聆听。如果只看到观众席里严厉的表情，那我的勇气就会被挫伤；如果能看到支持我的观众，我就能迅速恢复勇气。他们会让我产生这样的念头："我说的话他们听懂了。有理解我的人！"

年轻管理者：你必须有意识地让自己往这个方向努力。

哲人：不管身处什么样的组织，找到支持自己的伙伴是非常重要的。你要远离那些总是贬低自己的人。

看起来现在是个言论自由的年代，但大多数人都是沉默的。即使遭受职权骚扰，也要想办法支撑自己走下去。不仅仅是应对职权骚扰，在任何场合你都不要被别人的负面评价击垮。明白这个道理之后，下次领导再说"你为什么不能像某人那样"，你就不会觉得受伤了。

年轻管理者：即使世界上只有一个人对我有负面评价，如果真的受其影响，我的自信水平也会大幅下降。

哲人：是啊！

年轻管理者：只在意这些负面评价，把夸奖和鼓励自己的话当成耳旁风，这可太不值当了！

哲人：不过，那些夸奖和鼓励也会让你产生怀疑："那个人说的是真心话吗？"然后你也会因此而不开心。

年轻管理者：我其实想成为一个敢于接受批评的人，尤其是来自领导的批评，因为只有这样我才能提升自己。不过我也不能忘记，这个世界上一定有支持和喜欢我的人存在。心中有这样的信念，我才能坚强地活下去。

对话 23：如何看待"你小子"这样的称呼和"职权骚扰文化"？

年轻管理者：我觉得最近几年，人们开始关注一些我们以前没注意过的问题。比如，"おまえ"（你小子）这种称呼方式让很多年轻人难以忍受。与之对应的是"おれ"（大爷我）[⊖]。我刚工作那会儿，领导们几乎都是这么称呼自己的。

用"你小子"来称呼下属，多少有点封建社会的感觉。虽然现在还有人这么说，但已经非常少见了。

所以偶尔听到个别领导还在用这种方式说话，我会觉得非常惊讶。他们会当着很多人的面大声训斥某个员工："你小子到底有没有认真工作！"可能他们还认为领导批评下属是理所当然的事情。

哲人：这种行为在本质上和我们之前说的"价值降低倾向"没什么区别。一些人通过称呼"你小子"来降低对方的价值，抬高自己的地位。当着很多人的面斥责下属也是同样的道理。所以，如果你有一个优秀领导该有的意识，那就不会做出这种举动。

⊖ 日语当中有多种第一人称和第二人称的表达方式，但是用"おまえ"称呼对方和用"おれ"称呼自己是最粗鲁的说法，有不尊重对方的意思。——译者注

很久以前，我在一家辅导机构工作过一段时间，那里的老师在上课时会用竹刀不断敲打学生。教职人员的工作环境中也充斥着职权骚扰。有一次我没有经过领导许可就去复印了一份资料，居然被严厉地批评了一顿，而且是当着所有学生的面。

年轻管理者：这种事都值得被"严厉批评"吗？

哲人：是的。如果连这种小事都会被领导骂一顿的话，作为一个劳动者的我会觉得非常难过。当时我的想法非常强烈："这种地方不值得我工作。"

年轻管理者：换作我，也会这么想。

哲人：包括"你小子"的称呼方式在内，怒吼、训斥等行为都带有职权骚扰的性质，所以某些领导应该改改自己的坏习惯了。必须要有人站出来，告诉他们不能继续这样做了。

让那些习惯职权骚扰的人立刻停下也是很难的，但如果他们知道，即使不采取职权骚扰的手段，下属也能好好工作，也能信赖领导和公司，那他们也会做出改变。我想我们接下来努力的方向就是让更多的人知道，有很多实行民主领导力的组织存在。

年轻管理者：我的力量虽然有限，但是我愿意为这个目标奋斗。

哲人：还有一点，这些喜欢职权骚扰的人经常担心自己"不受尊敬"。他们觉得如果不使用"你小子"这样的称呼、不摆出一副严厉的态度，自己就会被他人轻视。这其实也是一种自卑的体现。

但是，尊敬是不能强求的。不管你怎么提醒别人尊敬你，如果下属判定你是个不值得尊敬的领导，那么你一样得不到尊敬。

年轻管理者：没错。

哲人：所以才会有这么多领导在"第二战场"（"副战场"）中折腾下属，贬低下属的价值。

年轻管理者：但是，上下级关系的架构会继续存在，要完全消除"大爷我"和"你小子"这样的称呼可能很难。

哲人：是的。现在也有很多管理者说自己是"因为领导的批评而走到今天的"，但这是个例还是普遍现象呢？

有些成功的相扑运动员在接受采访时会说："因为一直在训练中挨打，所以我才能走到今天。"但是也有很多挨过打的运动员因为默默无闻而退役，还有很多没挨打的运动员继续在"力士"[一]的领域里逐级攀登。

即使有人因为领导的批评而出人头地，那也不能把这些个案作为职权骚扰的理由。当今的年轻职场人也不会接受这种过时的管理方式。

年轻管理者：现实中也有很多被父母打大的孩子，他们的童年不堪回首。即使有些人长大后能够取得成功，但也不能说打孩子就是合理的。这两件事背后的道理是一样的。

[一] "相扑力士"指的是职业相扑运动员，最高等级的称号是"横纲"，最低一级的称号为"序之口"。——译者注

但是在现实的职场中，"大爷我"和"你小子"这样的称呼依然存在，我们公司也不例外。如果像先生说的那样，以"平等的姿态"和下属对话，我的上级领导反而会质疑："你的做法是不是过于温和了？"

哲人：这时候就需要做出选择了，你是想迎合领导还是想保护下属呢？我会选择保护下属，不断发现他们的更多可能。要想成为优秀的领导，总要有这样的气魄吧？

即使身在同一个公司，对于那些总爱进行职权骚扰的领导，你也是无能为力的。毕竟这些都是他们的个人问题，而且改变他人是很难的。但你至少可以约束自己的言行，善待自己的下属。

回到刚才说的那段辅导机构的工作经历，当我也被要求用竹刀体罚学生的时候，我断然拒绝了。补习班的那些学生反而会问我："老师为什么不拿着竹刀呢？"我回答道："因为我认为没有必要拿着竹刀给你们上课。"

年轻管理者：我也想成为一个"不用竹刀的领导"，我也要让其他人明白我的信念。

哲人：是的，至少你可以向自己的下属传达这种信念。当他们看出你和某些领导的区别后，你才会得到更多下属的信赖。当我在补习班里宣布"不会用竹刀打大家"之后，孩子们对我的信赖明显增加了。

你也有过"身为下属的烦恼"，还因为领导拿你和别的同事比较而受伤呢！

年轻管理者：是的，说起来有点可耻。就像我总是说自己"没有自信"

一样，我也的确是那种容易受伤的下属。

哲人：以后你恐怕还要遇到更多职权骚扰的领导。

年轻管理者：啊……听到这句话我突然紧张起来了。如果那天真的来了，我可以申请调动，逃避这一切吗？

哲人：如果那天真的来了，我希望你不要逃避，而是秉持着这样的信念：虽然人们是带着各自的目的加入一个组织的，不过既然已经身处其中，那么每个人就都有改变组织的力量。

年轻管理者：是吗？

哲人：可能你并不是公司创始团队的成员，而是在它发展壮大的过程中加入的。但只要进入公司开始工作，你的力量就一定能让这个组织发生变化——每个新入职员工都应该相信这一点。

所以当你进入公司，就任现在的岗位之后，你总能改变眼前这位领导——希望你带着这样的想法去工作，而不是直接放弃。

让你不要放弃，不仅是为你自己，也是为团队的其他成员。如果你的领导总把目光放在下属的"人格"上，而不是放在"做好工作"上，那你一定要有指正他的勇气。没有这样的勇气，逃到哪里都没用。

与此同时，你自己也要起到模范带头作用。这些经常进行职权骚扰的领导只是无知而已，他们还不知道有其他更好的管理方式。所以你要以身作则，告诉大家"我在践行更好的管理方式"。虽然无法做到完美，但是欣赏你的员工会越来越多。看到你的存在，那些称呼下属"你小子"

的领导也会有所改变。

年轻管理者：我相信自己一定能做出改变。

哲人：不要低估自己的力量。

你也可以换个思路考虑这个问题：先尝试着做一下，如果实在行不通再放弃。

我们之前也谈过新冠肺炎疫情对全球的影响。假如把地球比作一个大房子，那么这个房子正在发生严重的火灾。如果所有人都放弃救火，那火势只会越来越大。

管理方式的变革也是同样的道理。不要担心自己孤身一人，只要有勇气就一定可以改变现状。不要等待"某个人出现"，而是要相信那个人就是你自己。我希望你有这样的勇气。

年轻管理者：嗯，我也想拥有改变世界的勇气。话虽然这么说，可一想到明天又是工作日，又要应付一大堆问题，"当领导好痛苦啊""还是别干了吧"这样的念头还是会不断地冒出来。如果真有这么一天，我还能再来找先生咨询吗？不仅是身为管理者的烦恼，估计在今后的人生中也会遇到其他需要向您请教的问题——我有这种预感。不过今天就聊到这里吧，希望先生身体健康。

哲人：嗯，下次再聊吧，期待再会。

年轻管理者：这一天与先生道别后，回家路上的我心情无比轻松。在这段时间里我不断地向先生倾诉各种困惑，直到今天，我突然觉得心里踏实了许多。我不能总是抱怨现状，而是要承担自己的责任，要有改变现状的勇气。正如我刚才对先生说的那样，或许明天上班之后又会发生一连串糟糕的事。天生懦弱的我，一定又会说一些丧气话。即便如此，我依然相信"不完美的勇气"，不放弃对幸福的追求，努力发挥自己作为管理者的价值。在这个过程中，我一定能体会到先生说的幸福感和贡献感吧？黑格尔提出"世界的发展是螺旋式上升的"。那么人生也是螺旋式上升的，而不是线性递进的。如此说来，珍惜当下的生活，在自己所拥有的一切里面找到幸福就可以了。

02

第二部分

和想要改变世界的创业者们的对话

▼
▼

在本书的开头我曾说过，岸见一郎先生主张的管理原则看起来非常有道理，但实践起来可能会有点难，甚至会让人觉得有些"理想主义"。

因此在本书的第二部分，我们请来三位已经亲身实践过"不批评、不表扬、不命令"这一主张的创业者。他们的公司都已上市，所以先生的主张到底是理想主义，还是真正优秀的管理方法，我们不妨听听这三位创业者是怎么说的。

第一位是因为在其公司内推行多样化工作制度而备受瞩目的Cybozu软件公司社长青野庆久。

第二位是研究及开发裸藻（又称绿虫藻）相关业务的"悠绿那"（Euglena）社长出云充，他一直致力于解决全球粮食安全和生态环境问题。

第三位自称"有趣法人"，是日本互联网公司KAYAC的CEO柳泽大辅。他的公司因为实行颇具个性的管理方式而受到外界关注。

这些对话基本发生在2020年7月。由于新冠肺炎疫情暴发，居家办公成为主流。如何应对当下的变化和不明朗的前景，是当时对话的大背景。

在三位创业者和先生的对谈里，你也能看到大部分管理者都会遇到的烦恼：一边承认自己不完美，一边在团队成员的注视下努力成为更好的领导。他们都是新一代管理者的典型。

以下对话与第一部分的"我"不同，是创业者们在实践先生的管理原则的过程中积累的宝贵经验，也是在现实中发展先生的理论的智慧之谈。

第四章

与 Cybozu 软件公司的社长青野庆久的对话（2020 年 7 月 3 日）：抱着"必死"的决心当了一年社长之后，我学到了什么？

青野庆久

Cybozu 软件公司社长。

1971 年生于日本爱媛县，毕业于大阪大学工学部。在松下电工（现松下集团）工作几年后，于 1997 年在爱媛县松山市设立了组件研发与销售公司 Cybozu。

2005 年担任社长一职，在推进企业内部工作方式变革的同时，自己带头使用三次育儿假。他大力推进的"云技术"使公司得以快速发展。2020 年 12 月，公司销售额比 2019 年同期增长 16%，达到 156.74 亿日元。在 2021 年卓越职场® 研究所（Great Place to Work® Institute）的"最有工作价值公司（100 ~ 999 人规模）"排行榜中排名第二，并且连续八年上榜。

著有：《有点厉害！》（文艺春秋）；《多想想团队》（钻石社）；《公司是只"怪物"，它让我们变得不幸》（PHP 研究所）；《"任性"让公司更强大》（朝日新闻社）。

青野：岸见先生，好久不见啦！

岸见：三年过去了，今天我们终于能在线上聊聊天啦！

青野：那时我刚从京都来到东京上班。公司有一个员工说："先生在《被讨厌的勇气》里写的那些事，和 Cybozu 目前经历的一切很像啊！"我和他聊了一会儿，发现不管是作为经营者还是普通员工，大家的烦恼都很多。

岸见：我曾有机会去贵社拜访，现场的一切让我十分震惊：我觉得自己理想中的"民主公司"在青野先生这里已经实现了！您的员工不仅心中有理想，同时还能脚踏实地地工作，这让我觉得非常感动。

青野：在岸见先生所有关于"民主领导力"的主张中，"不表扬"是最有挑战性的。批评／表扬是昭和时代领导力的显著特征。我认为时代已经变了，管理方式也要革新。但是有什么新的方式能代替这种单纯的批评／表扬吗？几乎没有人能给出答案。从这一点来看，岸见先生的"民主领导力"简直是应运而生。

反省自己表扬员工的行为

小野：所以青野社长从来都没有表扬过员工吗？

青野：有过表扬员工的举动，但是读过先生一本关于领导力的书，叫作《停止表扬》（日经 BP 社），然后我就开始反省自己了。

小野：青野社长从前思考过"表扬员工可能有害"这件事吗？

青野：还是有一点这种意识的。回顾自己表扬下属的行为，果然还是带着"操纵对方"的目的。我并没有单纯地表达自己的喜悦,而是希望对方能够"跟着我的思路走"。虽然我现在已经有意识地避免表扬下属了,可偶尔还是有一不留神就说出口的时候。

如果不改掉表扬下属的习惯,自己可能无法进步——我是这么认为的。

岸见:如果要用一句话来概括"民主领导力"的话,那就是:下属和领导是平等的,领导不能用"权力"命令下属,而是要通过"沟通"和下属建立合作关系。因此,批评和表扬都是没必要的,甚至还会产生反作用。我认为我的主张在当下的社会发展中是可以实践的。

我已经说过,批评和生气在本质上是一回事,而且"下属要在批评中成长"的观点在今天也遭到了很多人的反对。

可是另一方面,大家又陷入了"要多表扬下属才可以"的误区中。如果被领导表扬了,这些下属真的会开心吗?又或者,他们会因此变得更有斗志吗?这个问题很值得今天的管理者认真思考。如果不思考,单纯地认为"表扬一下就好",那么接下来和下属的关系迟早会出现问题。

表扬相当于把对方当傻子?

小野:说到这里,我想起了之前发生的一件事。有一次我去参加岸见先生的演讲会,主题还是"停止表扬"。听完演讲后,现场有很多人向先生提问。有一些是年长的老板,还有一个看起来像刚毕业的大学生。先生问那个年轻人:"你有没有被领导表扬过?"他回答:"有。"他应该是因为工作上的表现被领导表扬了。

先生接着问："被表扬的时候你是什么感觉？"那个年轻人毫不犹豫地回答："我感觉自己被当成傻子一样对待了。"

这位年轻人的回答让周围那些年长的老板们大吃一惊。

岸见：聪明的年轻人其实一眼就看穿老板在想什么了。不过有时同一句话既可能变成表扬，也可能不会，要看对方是带着什么样的心思说出来的。

我的女儿因为看过我写的书，所以在她当妈妈之后会尽量不表扬孩子。但是看到自己一岁的小女儿第一次站起来的时候，她还是忍不住说了一句："好厉害呀，宝贝！"稍后她回过神来，赶紧问我："我是不是不小心表扬孩子了？！"

我回答："如果你是别有用心的话，那也许是表扬。但你是单纯地分享孩子第一次站起来的喜悦，这不叫表扬。"

即使同样一句话，也要看对方听了之后是什么感受。所以，你要多去询问、沟通，得到对方的反馈，不然永远不知道自己给别人造成了怎样的影响。

当然，从刚能站起来的孩子那里获得反馈是很难的，但如果孩子已经会说话了，你就可以试着问问他："如果我说你很厉害，你心里是什么感觉？"或者："以后再遇到同样的情况，你希望我说点什么？"如果经常进行这样的沟通，那么双方的关系一定会越来越好。领导和下属之间也是同样的道理。

领导没有必要紧张兮兮地强迫自己："好厉害啊"是句表扬的话，千万不能用。

不同的人对同一句话的感受也是不同的,所以必须多去询问:"你对我说的某句话是怎么看的呢?"即使你是企业的老板,也必须尽可能地向全体员工确认。我知道一定会有人反驳:"家里还可以,如果在公司的话那就太难了。"但从原则的角度出发,家里和公司都是一样的。

"会询问"是领导力的基本要求

青野:仅从我的个人经验来讲,"会询问"是领导力的基本要求,我自己也在着重培养这种能力。

直到 2006 年,我们公司还在采取相对传统的管理模式,我希望用这种方式率领全体员工一直走下去。但遗憾的是,公司业绩持续下滑,股价大幅下降,员工对公司逐渐失去信心,离职率达到 28%——那时可以说是公司经历过的"最低谷"。开车等信号灯的时候,我甚至会想:"要不过来一辆车把我撞飞算了,我真的承受不住了。"

当然,以此为契机,我也开始思考如何改变公司的管理方式。正是由于改变了管理方式,公司的业绩才开始上升,还被外界评价为"多样化、可灵活工作"的公司。回顾那段时光,我发现自己是因为获得大量员工的帮助才走出困境的,而获得帮助的前提就是"会询问"。

目前,公司有很多人事制度可以体现公司对"多样化工作"的包容度(见表 4-1),但是这些制度没有一个是我提出的。在下定决心要改变公司的管理方式后,我向全体员工发出请求:"如果大家心中有更理想的工作方式,请一定要告诉我,我会和你一起将这些工作方式变为现实。"于是,公司现有的制度就这么一点点地被制定出来了。

也就是说，我成了一个非常注重"询问"的领导，这是对之前管理方式的重大变革。如果没有提前询问，不管公司出台什么制度都很有可能遭到员工的质疑："这又是青野先生拍脑袋想出来的东西吧？真的有用吗？"所以"会询问"是领导力的基本要求。

表 4-1　Cybozu 的人事制度：使"多样化工作"成为可能

制度名称	生效时间	概述
休假制度	2006 年	最长可达 6 年的育儿假 / 看护假，从妊娠开始便可以获得。"产前休假""因育儿 / 看护而缩短工时"等制度也一起生效
选择型人事制度	2007 年	可以根据自己生活阶段的变化选择工作方式的人事制度。不仅是育儿、看护，也可以根据自己求学、副业等需要，从以工作时间和场所划分出的 9 种工作方式中选择最适合自己的 该制度已从 2018 年开始过渡为"工作方式宣言制度"，原制度在逐步废止中
居家办公制度	2012 年	从 2010 年开始就在积极推动居家办公制度，员工可以在"选择型人事制度"和"工作方式宣言制度"中选择。与"工作方式宣言制度"中的基本工作方式不同，以是否"单日出勤"来判断是否可以选择居家办公。原有居家办公、时差办公的判断标准也包含在新的居家办公制度中。实施的前提是：提高个人和团队的生产效率 "单日出勤"的定义为用时占总劳动时间的 10% 左右，如果居家办公频繁发生、时长超过 1 个月的话，那就要变回"基本工作方式"
离职员工返回制度	2012 年	从 Cybozu 离职后，员工在长达 6 年的时间内可以随时回公司复职，目的是让离职员工有"还能回到老团队"的安心感，从而不惧挑战外面的世界
副业许可制度	2012 年	为了让员工实现自我发展，在精神和经济上都能独立，允许员工发展自己的副业。只要不涉及动用公司资产，无须汇报，也无须上级批示，可自由进行

（续）

制度名称	生效时间	概述
带孩子上班制度	2014 年	为解决员工的年幼子女"不愿去幼儿园""没有寄养的场所"等问题而设立的制度。可以在紧急时刻发挥作用，在不降低团队生产效率的前提下实行
转岗体验制度	2016 年	以本人的职业规划需求和能够在对应业务中发挥作用为前提，员工可申请去其他部门"体验转岗"。员工可以申请公司海内外的多个部门体验转岗
工作方式宣言制度	2018 年	废除从 2007 年开始施行的"选择型人事制度"，逐步替换到"工作方式宣言制度"。以前是从以工作时间和场所划分出的 9 种类型中选择适合自己的工作方式。但在新的制度下，每个人都可以自由地提出适合自己的理想工作方式，经公司通过后即可实行

"想要操控别人"不是一个好心态

小野：在领导力的变革中，不知从何时开始，青野社长突然萌生了"表扬员工不太好"的念头。

青野：的确不能表扬下属。在转变公司管理方式的过程中，我深刻意识到：把自己的想法强加给别人不是什么好事。我并不完美，也是一个会失败的普通人。这样的我还要试图"操控"他人，迟早会出问题。

所以，我要提防自己"操控"别人的欲望。表扬的目的很可能就是想"操控"别人。虽然我知道大多数人都是不理性的，但就这样被感性牵着走，放弃自己的理性，那也太可怕了。

而且岸见先生强调，要弄清楚"我的话给对方带来了怎样的感受"。这会是我接下来努力的方向。

岸见：聊到现在，我还是想再强调一下：如果没有建立平等关系，所有的沟通技巧都是无效的。

即使能够认同"不批评""不表扬"的主张，愿意鼓励下属，但如果不能发自内心地与下属建立平等关系，那些沟通技巧也就成了操控和支配。反过来说，如果能够和对方建立真正的平等关系，那么对自己的言辞也没有必要太紧张。

青野：原来如此。

岸见：不过真要达到那个境界还是需要一个过程的，一开始的时候还是注意一下"我的话会不会伤害到对方" 比较好。

不久之后，如果双方建立了平等关系，彼此信赖的话，即使一不小心说错话，下属也不会立刻受挫。

如果父母和孩子也能建立"畅所欲言"的亲子关系就好了。但是，再亲密的关系也要注意礼貌，最好还是注意一下自己的措辞。

这一点的确很难做到。误用阿德勒心理学的人很多，在没有理解的情况下就说："啊，这是阿德勒心理学，那就采纳一下吧！"这种做法也是很可怕的。

青野：这不就是滥用吗？

岸见：是的。但是聪明的年轻人还是会看出来的。

领导需要"不被讨厌的勇气"

青野：和岸见先生学习管理学的时候，让我印象非常深刻的一点就是很多人对"被讨厌的勇气"这个概念的滥用。

小野： 领导可不能有"被讨厌的勇气"。

青野： 领导要是认为"即使被讨厌，我也会继续加油"，其实是对"被讨厌的勇气"的滥用。作为先生的读者，我看到这样的现象也会觉得遗憾。

学习了先生的领导力理念之后，比起"被讨厌的勇气"，我认为领导更需要有"不被讨厌的勇气"。

小野： "不被讨厌的勇气"吗？听起来有点奇怪啊！"不被讨厌"这件事需要勇气吗？

岸见： 青野先生是怎么想的呢？

青野： "讨厌"是对方产生的情绪，如果想"不被讨厌"的话，就必须多考虑对方的情绪。而且我们说的话让听者产生了怎样的感受，很可能和自己预想的有出入。岸见先生之前已经强调过这一点了。

即使我们没有鄙视对方的意思，但对方很有可能感觉"被鄙视了"；明明我们没有伤害对方的意思，但对方却觉得受伤了。现实生活中经常发生类似的事情。

但如果领导决定让自己成为一个"不被讨厌"的人，那就必须要确认下属的感受到底如何。

可是到目前为止，我很少见到真的有领导愿意这么做。领导往往会将"训斥"用作与下属沟通的方式，单方面地认为"那家伙一定能听进去"。

但如果你决定成为"不被讨厌"的领导，就必须亲自确认一下下属是否真的能够理解你想传达的信息。如果你的预想和现实有偏差，那就必须要改正过来，走上正轨，这对领导来说还是需要勇气的。

你需要自己去验证是否做错了，如果错了就承认并且改正，我想这是需要勇气的事情。

岸见：关于"被讨厌的勇气"的真正含义，我之前已经说过了。领导是处于强势地位的一方，不需要有"被讨厌的勇气"。但是那些认为"被讨厌也没关系"的领导，有没有勇气先放到一边，应该指出的问题是：他们在做领导这件事上"偷懒"了。

青野："偷懒"了？也就是他们懒得花时间沟通是吗？

岸见：正是这样。

对领导来说，什么是"被讨厌的勇气"？

青野：其实我能理解管理者的心情。虽然我们知道沟通很重要，但是平时的工作实在太忙了。这件事需要你决策，那件事也需要你判断。尤其是遇到一些紧急项目的时候，时间非常有限，下属只要稍微表示出一点意见不一致的意思，当领导的就会觉得："别纠结了，快往下推进吧！"

岸见：是啊，即使没有大声命令，当领导产生"对方必须按照自己的想法执行"的念头时，权力之争就已经开始了。

所谓的"权力之争"和吵架没什么区别，如果领导强行推进的话，下属虽然会执行，但心里一定觉得不舒服。长此以往，领导和下属之间迟早会发生争执。

这个度的确很难把握啊！可即便在这种情况下，领导依然不想被下属讨厌。在亲子关系中也会发生类似的情况，父母也不想被孩子讨厌。

领导想对下属发表意见，父母也想对孩子发表意见，这是理所应当的事情。可是如果过多考虑"会不会被对方讨厌"这件事，连该说的话都不说了，难道不是失职吗？而且会这样做的领导和父母，本质上还是只考虑自己的人。

如果我们都能跳出自我，多关心企业、关心社会、关心世界的话，那么这个世界一定会往好的方向转变。

领导要倾听下属的意见，可是另一方面，自己该说的话也要说——不是让你职权骚扰。即便下属没有做好心理准备，或者预判到他们可能意气用事，领导也要把该说的话说出来。如果领导很在意下属的脸色，因为害怕被对方讨厌而干脆什么都不说了，那也是不对的。

从这个角度上讲，领导似乎也需要"被讨厌的勇气"。假如领导用自己的权力压制下属，完全不在乎他们的感受，这是绝对不行的。

对下属使用敬语是件好事

青野：这是需要沟通的事情。虽然我们内心能理解这件事的必要性，但实践起来确实困难。不过岸见先生在书中和公开演讲中都为大家提供了参考话术，这是非常有帮助的。

比如，对于那些不想去上学的孩子，不是命令他们"必须去学校"，而是以建议的口吻："我们试试去一下学校怎么样？"放到职场中的话，领导可以尝试对下属这么说："可以试着准备下周的汇报了吗？"

岸见：是的。尽量避免使用命令句，而是以疑问句替换。或者使用"如果这样做的话，那可真是帮了我大忙了"这样的假设句，给对方留下拒绝的空间。如果不留下这样的空间的话，对方虽然不会拒绝你，但是内心难免会有些不快。当然，这种体验也是因人而异的，需要我们亲自确认一下才可以。

在现实中，对于那些业绩不怎么好或者重复犯错的下属，可能需要你提醒一句"如果一直这样下去可就危险了"之类的相对刺耳的话。在这种情况下，我认为领导应该对下属使用敬语。因为领导和下属只是角色不同，在人际关系上都是平等的。

不过就算使用敬语，类似的话听起来还是很刺耳的，下属依然有可能认为这是领导在嘲讽、威胁和挑战自己。所以，平时领导就要和下属建立平等互信的关系。虽然这是件费时费力的事，但是我们必须反复沟通才可以。

这也是阿德勒心理学的特点：费时间、费精力。

单纯追求效率的人，很有可能会误解阿德勒心理学，也很难和下属建立平等关系。只想学会技巧是不行的，需要投入时间打牢基础才可以。青野先生自己就是花了很长时间才学会的。

真的有下属愿意对领导说出心里话吗？

小野：青野社长刚才说"会询问"是领导力的基本功，而且您自己也很重视这件事。比如，在改革公司的人事制度时，您会亲自询问员工的想法和意见。但我会忍不住怀疑，当一个社长询问员工意见的时候，员工真的会说出心里话吗？

青野：不是的，一开始根本没人相信我。

就像之前说的那样，我在 2006 年决心改革公司的管理方式，立志成为一名能引领大家不断向前的管理者。但结果是公司的业绩不断恶化，员工对公司逐渐丧失信心，离职率甚至一度达到 28%。

最一开始采用的方法是"每人交谈 30 分钟"，我希望知道所有员工的"理想工作方式"是什么，但基本没听到真心话。

岸见：或许员工的第一反应都是"别跟社长说太多"。

青野：是的，强扭的瓜不甜。越是强迫员工说真话就越会遭到质疑。

但只要他们当中有一两个人说出真心话，我就会像发现世界上第一只企鹅一样珍惜。我会倾听他们的声音，并且将他们的要求体现在新的制度上。当看到别人的想法落地的时候，员工对公司的信任度开始上升。于是第三个、第四个……大家都开始说真话了。

岸见：原来如此。

入职三年的年轻员工改变了公司的一项制度

青野：在这里我想分享一些令人印象深刻的小故事。当时有一个入职三年的年轻销售人员对公司的奖金制度提出了异议："我认为这样改变的话，大家应该会更有干劲儿……"我听了一下他的观点，觉得非常有趣，于是决定在公司内公开讨论。

小野：他提出了怎样的建议呢？

青野：当时员工的奖金数额取决于公司的销售额，正好那个时候，公司主营的产品组件正在推进"云端化"。此前客户在公司购买的系统服务主要基于预置技术，而我们以后要把"云技术"当作销售的主力。

于是，那位入职三年的销售人员提议："让奖金与云技术的销售额直接挂钩不是更好吗？"

公司的董事会和人事部的成员一起讨论了这个想法，最后决定采纳并施行。就这样，这名入职三年的员工改变了公司的奖金制度。大家纷纷议论："这都行吗？""看来把想法说出来就能赢啊！"在这样的氛围中，我感觉员工对公司的信任度明显提高了。

岸见：但是"把想法说出来就能赢"的思路是绝对错误的。无论员工提出了什么意见，都绝对不能"只要提出就通过"。根据企业的发展目标，领导也必须有勇气否决一些建议。特别是当管理层的人提出自己意见的时候，更要对他们说明这一点。

青野：的确如此。

对下属说"不行"时的诀窍

小野：当发现下属的建议行不通时，领导应该怎样拒绝呢？这是一个有趣的话题。我想青野社长一定有过这样的经历。在驳回下属的提案时，您要与下属进行怎样的沟通呢？

青野：我认为领导在看到下属的提案之前，应该尽量清空自己脑海中的想法，这一点非常重要。只有这样做才更有可能发现下属的创意："哇，居然还有这样的思路吗？"空杯心态有助于改善领导与下属的沟通方式。

岸见：原来如此。

青野：以刚才的思路为前提，如果真的觉得下属的提案行不通，那我也不会直接说"你这样不行"，而是说"你的想法很有趣，但在我看来是这样的……"

我会以开放的心态和下属讨论。

我和员工不是"见人下菜碟"的关系，而是对所有员工都做到一视同仁。因为每个员工都会从自身出发，提出自己的独到见解，而我的意见也只是我的个人意见。在收集别人意见的时候，谁也不能提前想到答案是什么，最后的结果会怎样也不确定。

也许会有人怀疑："这样做真的可以吗？"但就像刚才提到的那样，在年轻成员的建议下，公司的奖金制度都可以改变。也会有越来越多的人支持我的观点："这样很好啊！""这样很有趣呀！"管理者太容易认为自己"早就有答案了"，所以我总要求自己事先清空想法。

岸见：说得真好啊！

青野：领导觉得自己知道答案，这其实是对下属的威压。所以，领导要学会放下这份威严，要有放手的勇气。

岸见：领导需要有"承认自己不知道"的勇气。

我想，青野先生说的和我一直以来强调的要和下属"沟通"的意思是一样的。如果只是领导单方面的传达，而没有和下属好好沟通的话，时间长了很容易出问题。

所以，不管是社长还是其他领导，都必须意识到自己说的话"只是个人想法"。社长要先强调"这只是我的个人想法"，如果员工意识到这是社长的个人想法而不是命令的话，有什么不同意见也更容易表达出来。而且他们这时候只是在反驳社长的想法，而不是批判社长这个人。

员工不认为"社长说了什么那就赶紧执行"，而是觉得"如果我有什么不同意见一定要说出来"，这样的工作氛围才是公司正常运转的基础。

最近我重读了几本青野先生的著作，发现青野先生一直强调"要明确某人的提案可以完成公司怎样的目标"是如此重要。如果能明确这一点，大家就不会认为"什么建议都能通过"。这样一来，员工在提出自己的提案之前就会先明确目标，这会让他们重新审视自己的提案。所有领导都应该意识到这一点。

要营造一种下属可以有话直说的氛围，但是领导说"不行"的时候，他们也不会觉得自己的人格受到攻击，因为领导是对照公司的整体目标之后才判断某位员工的意见无法采用的。这是体现领导才智的地方。

青野：我深表赞同。

有员工要求公司报销咖啡费

小野：青野社长真的会有"想要和员工好好讨论"的意识吗？

青野：如果把公司的业务比喻成登山的话，下属提出的想法就是在为公司提供"登山的方法"。换句话说就是："目标是山顶，我认为从这里攀登比较好。"但如果这是一个和山顶完全无关的想法，那就必须驳回："这不是我们公司当务之急要做的事。"

现在身在这个组织当中，我们就要以"这座山"为目标。攀登这座山有各种各样的方法，但是我们对正确方法都不知道，所以才有必要一起讨论。如果某人提出的意见和登上山顶无关的话，也要有人立即指出来，这才是良好的工作氛围。

岸见：青野社长有一本书叫作《"任性"让公司更强大》（朝日新闻社），里面提到了一个让人难忘的小故事：有一个销售人员在外勤期间去咖啡馆喝了一杯咖啡，并且要求公司报销。而公司的处理方式也非常有意思。

青野：在这位年轻销售人员的建议下，这项报销得到了公司的认可。他的理由是这样的："不是因为我想喝咖啡，而是在出外勤时很难找到附近有电源的桌子，所以才去咖啡店消费了一杯咖啡。这是工作的一部分，所以希望公司报销。"

在那之前，从来没有员工要求公司报销类似的咖啡支出，所以指导他的前辈会说："这也太任性了吧！"但是 Cybozu 的理念是"让每个团队都可以轻松合作"。从这个理念出发，即使是员工想在工作间隙来一杯咖啡也可以，如果能让他们在接下来的工作中心情更好，那我们愿意支付这杯咖啡钱。其实这已经是很便宜的投资了。

岸见：如果真的对工作有帮助的话，那的确可以申请报销。

我觉得这么做非常有趣，但是如果没有结合公司的目标，员工只是随意地要求老板报销咖啡费，那必须要说"不行"。正当的报销才能被允许，如果员工随意编一个自认为可行的理由来报销餐饮费，领导必须要有能力判断并且及时制止。

你找的这家店是不是太贵了？

青野：是啊。如果员工能够采取某种方式，做到互相监督就好了。Cybozu 现在的规模也不是我一个人能看管过来的，还是要通过更开放的系统来解决这个问题。如果每个人的经费使用情况都是透明的，员工之间能够互相监督，一旦超出预算就会被其他人发现："你这样有点过分了吧！"

岸见：现在不是已经实现了吗？

青野：算是吧。在 Cybozu 的办公系统里，大家可以看到彼此的报销数额，比如餐饮招待费等。大家也可以在里面聊天和吐槽："你找的这家店是不是太贵了？"

岸见：真有趣啊！包括社长在内，公司的员工都很清楚目标是什么，敢于实话实说，也不用担心其他社交平台会有的"网络暴力"。

青野：是的。

小野：原来如此。为了整理成方法论，现在我要把青野先生关于"如何拒绝下属不可行的提案"的要点列出来：

- 事先清空自己的想法。
- 以开放的心态与大家讨论。
- 放下威严，学会放手。
- 说话前和大家强调："这是我的个人观点。"

• 把"公司的目标"当作评判提案的标准。

不要什么事都怪"新冠肺炎疫情"

青野：随着新冠肺炎疫情的暴发，我们公司也经历了一段艰难的时光，我越来越能感受到"昭和型"管理方式的天花板了。

所谓的"昭和型"管理方式，就是利用批评/表扬来操控下属。这里有个前提，那就是领导都是威严的，都是高高在上的。所以领导是不能犯错的，即使错了也不能承认。

岸见：是啊，即使错了也不承认，继续执拗地走下去。如果在当今的时代依然采取这样的管理方式，领导会很容易失信于人。

不管是什么样的领导，都有做不出业绩的时候。新冠肺炎疫情给很多行业造成了严重影响，但这不是领导的责任。

小野：新冠肺炎疫情的确带来了负面影响，但是不能以此责怪管理者。

岸见：即使是人力无法控制的事，我们也依然要采取措施应对，就算做不出成果也没关系。

在这样的大环境下，有的领导失信于下属，公司的业绩瞬间恶化，难以挽回；而有的公司即使没有做出什么业绩，员工却比之前更信任领导了。

要说区别在哪里，那就是领导是否能在犯错之后勇于承认，在失败之后勇于接受。你准备好接受失败，将变革的道路继续走下去吗？"这个领导敢于接受自己的不完美。"我想如果领导能在下属眼中树立这样的形象，那么下属对领导的信任度一定会上升。相反，如果领导非要保持威严、隐瞒失败和谎报信息，那么他会迅速失信于下属。类似的案例我们看得还不够多吗？

领导要勇于对下属说"对不起"

小野：青野社长遇到过需要承认错误的时候吗？那个时候是怎么处理的呢？

青野：当然有，我经常对下属说"对不起"。

岸见：原来是这样啊！

青野：我几乎每天都会和下属说"对不起"，而且这种做法给我带来了非常宝贵的经验。因为我发现，如果我能在每次犯错后勇于道歉，那么下属的心情会很愉快，公司的整体氛围也会发生改变。

现在即使我做了什么"傻事"，下属也会对我说："青野社长，不管怎么说这都是一次很好的尝试哦！""失败也没关系，最起码我们试过了！"

果然是因为我经常说"对不起"吧！如果我总是说"这不是我的责任"之类的话，下属不可能这样鼓励我。

小野：您都做过哪些所谓的"傻事"呢？

青野：比如，我的推特就经常被下属吐槽。每次我发出推文后，他们就会审阅我的措辞，然后给我反馈："这样说不太对啊！""这么说很有可能引起误解哦！" 遇到这种情况，首先我会说"对不起"。然后，对于接下来该如何改进自己推文的措辞，他们会提出自己的意见。我觉得这样的交流是非常健康的。

岸见：是啊！

青野：这样的沟通让我可以继续挑战下去。假如他们说"以后请不要再发推特了"，那我就再也没有进步的空间了。但是每当我挑战失败后，我都可以从下属那里学习到一些知识。自我反省后，接下来的推文就比之前写的好多了。

只表达歉意，可能会让对方尴尬

岸见：对此我想说的是，说"对不起"也可以，但如果能在后面加上一句"谢谢你指出了我的错误"就再好不过了。如果领导愿意说这样的话，下属也能体会到"贡献感"。

青野：原来如此。

岸见：比如和恋人约好了见面的时间，但是由于电车晚点，自己迟到了。如果对方并没有离开，一直在那里等着你，此时见面的第一句话当然应该说"对不起"，但同时也应该表达自己的谢意："谢谢你等了我这么久。"

这样说的话，一直等待你的恋人也会觉得自己为你做出了贡献。而且你是因为电车晚点才迟到的，又不是你的责任，所以只表达歉意的话，对方也会有点尴尬。

领导和下属之间的关系也一样，虽说下属指出领导的错误是件好事，但是领导犯的可能也不是什么大错。重要的是下属的建议会成为领导进步的契机，甚至会为公司的发展做出贡献。所以，想让下属意识到这一点的话，在道歉后面加上一句"谢谢"就好了。

青野：是啊，这就是所谓的"贡献感"，这一点很重要！

岸见：关于贡献感这一点，我认为迄今为止的领导力理论中都没有涉及。

正如之前所说的那样，我主张的"停止批评"已经被很多人接受了。虽然"停止表扬"还没有广泛地深入人心，但接下来也一定会有越来越多的管理者像青野社长这样，认识到批评／表扬的局限性。

可是如果不批评也不表扬的话，领导还能做什么呢？这一点也一定会被问到。

答案很明确，那就是关注贡献。如果领导关注下属的贡献，那下属就不会只做求表扬的工作，也不会故意惹领导生气。

有些下属出于"不想挨骂"或"想被表扬"才完成了一些工作，有时他们甚至还会故意做一些招惹批评的事。这样的下属其实是只考虑自己的人。

如何让这些员工不只关注"自己"，而是关注"组织"和"社会"，让他们发现自己的贡献，才是领导该考虑的事情。

具体的做法就是领导要对他们多说"谢谢""幸亏有你在""我很高兴"

这样的话。如果能够坚持说下去，用不了多久，表扬和批评的行为就会消失，这就是我强调的"民主领导力"。

小野：我觉得日本人好像特别容易说"对不起"。

岸见：不过我认为，如果没做什么坏事却非要道歉，那也是没必要的。所以青野先生也可以考虑省略"对不起"，直接说"谢谢"。

不是道歉，而是感谢对方的贡献

青野：是啊，最重要的事情不是道歉，而是感谢对方做出的贡献啊！

岸见：真心地感谢下属，让他们注意到自己都没有注意到的贡献，这不仅会让个人发生变化，也会让整个组织的氛围发生改变。遇到下属犯错的时候，我们也要及时指正，因为大家都是"为了给组织做出贡献"，而不是为了攻击对方的人格。

青野：听了您说的这些话，我觉得自己有时也会在开口前心怀顾虑："被他们讨厌了怎么办？"

岸见：的确会发生这样的情况。有时我在指出孩子的问题时也会考虑："如果我这样说话，他们会接受吗？"然后，我不知不觉地把声调降了下去。

说"谢谢"就不算"别有用心"了吗？

青野：请允许我把话题再稍稍扩大一些。关于感谢，表达感谢的那个人是谁，对听者来说也是很重要的。果然还是被自己尊敬的人感谢会更高兴吧："我被这个人感谢了！太棒了！"

说"谢谢"是为了感激对方做出的贡献，我想让这份感谢的力量最大化。如果带着虚伪的话，我的人格会遭到质疑，即使说出"谢谢"也会引起对方的反感："我不想被这个人感谢。"

岸见：是的，如果别有用心的话，别人是会看出来的。亲子关系中也是这样，尤其是那些敏感的青春期孩子，一眼就能看穿家长的用心。

现在的父母已经不像之前那样对孩子大吼大叫了，也懂得经常对孩子说"谢谢"。但如果父母只在孩子的表现符合自己期待时才说"谢谢"，就会引起那些敏感的青春期孩子的反感。

下属也是一样的，即使领导亲自过来说"谢谢"，但如果这背后隐藏着操纵和支配的意图，他们也会马上察觉。

所以即使做到了不批评、不表扬，但如果在表达感谢时别有用心，也会适得其反。下属即使听到领导对自己说"谢谢"，心里也会觉得怪怪的。

从另一个角度考虑，领导和下属建立平等的、有话直说的关系是非常重要的。管理者要努力成为不摆架子、能让人敞开心扉沟通的人。或许这就是青野先生刚才说的"不被讨厌的勇气"吧！

要创造一个"避免竞争"的社会

青野：学习了岸见先生的领导力理论之后，我还是有些问题想请教先生。

在阅读您的相关著作后，我发现岸见先生否定"过度竞争的社会"，或者说是对"过分重视效率"进行批判。但是，我不太能理解这个观点。

小野：确实如此，在岸见先生关于领导力的著作中，对于竞争性的否定随处可见。比如，我们可以引用《停止表扬》这本书当中的几句话：

• 领导要杜绝职场中的竞争关系。

• 不出人头地也没关系。虽然不工作就活不下去，但人并不是为了工作而活着的。

• 在残酷的社会竞争中，有越来越多的人正在逐渐丧失信心、贬低自己的价值，这时必须有人伸出援手。

诸如此类的主张还有很多，青野社长是对这样的看法感到无法理解吗？

青野：不，不是这样的。岸见先生的主张其实会提高一个组织的竞争力和生产效率。我自己就是在实践了先生提倡的"民主领导力"之后，才让公司的生产效率提高了。

在这之前，我是因为公司业绩持续恶化、离职率升高，才下定决心好好听取员工的意见的。

岸见：是啊！

青野：这么做的结果是，大家对我的意见的接受度提高了。我也不用再去思考怎么"推动"团队努力工作，因为每个员工的工作积极性都被激活了。他们会把"贡献价值"摆在首要位置，自己思考，自主行动。从整体氛围来看，刻意隐瞒错误、数据造假等现象都在减少，所以公司的业绩也就开始上升了。

也就是说，管理方式的变革提高了公司的生产效率。所以，岸见先生提倡的"民主领导力"和"资本主义市场的竞争力"并不矛盾。

竞争格外损害精神健康

岸见：我个人是反对竞争的。阿德勒也说过："竞争格外损害精神健康。"对这种观点我深以为然。

有竞争就会有输赢，赢了一次也不能保证下次就不输。总担心下次会输，然后一直处在战战兢兢的状态中，这可不是什么好事。有人赢就有人输的话，说到底还是零和博弈，这并不是社会发展的长久之计。

但是，给自己树立一个"竞争对象"是可以的。知道前方有一个和自己不太一样的优秀榜样时，我们会努力地向那个方向靠拢，希望自己也能变得更好，这是非常有价值的。

但是也不要总想着"战胜那个人"。那位竞争对象一定有自己独到的工作方法。虽然你不能完全变成那个人，但可以学习他的工作方法。所以，像这样树立一个竞争对象是件好事。

但是这种做法和一开始说的"损害精神健康的竞争"不同，在某种程度上可以将其称为"竞争意识"。如果大家都有这样的意识，整个社会就会往好的方向转变。

小野：这的确是一个好的方向。

岸见：最重要的是培养人们的"自立意识"，要创建一个让大家按照自己的判断来工作的社会。

传统的"赏罚分明"的管理方法，让员工把"不挨骂"和"求表扬"放在了首要位置。这样的组织培养出来的员工会如何看待工作呢？"只要不挨骂就行了。""没人表扬那我就不干了。"

当然，这种情况近些年来已经有所改善。而在未来，企业必须培养出更自立、更能根据自己的判断来行动的人，这就是我的想法。

从这个角度来说，"让××自立"的措辞是不严谨的，这说明一个人的自立还需要靠别人推动，那他自己还是没有自立意识。领导不是"让下属自立"，而是让他们认识到"要根据自己的判断自觉工作"。要做到这一点，领导必须不断给下属勇气才行。

青野：是啊！

"降低离职率"是企业管理的目的吗？

岸见：从这个角度来看，先不管我的主张是什么，生产效率的提高总不是件坏事。只是生产效率的提高要以降低员工的幸福感为代价的话，这也是得不偿失的。

如果公司一味追求生产效率，或许可以提升效益，为员工升职加薪。但如果员工认为自己的工作一点也不幸福的话，说明公司的管理方式还是出了问题。

读了青野先生的著作，发现Cybozu这家公司还是让人非常赞叹的。不过我看青野先生似乎很在意"离职率"，因为公司的离职率下降后，您会为此而开心。其实我觉得员工离职不是坏事，我和青野先生也是因为离开之前的公司才有了现在的工作。

"与其让这个人在我们公司继续工作，不如让他去别的公司试试。"如果领导愿意做出这样的判断，这对某位下属的个人发展可能是件好事。所以，"根据自己的判断做出行动"是非常重要的。

明白这一点之后，如果遇到员工想离职，其实公司没有必要阻拦。但是我看到青野先生也充分考虑了离职员工的处境，并为他们建立了专门的制度。

青野：您说的是"离职员工返回制度"吧？如果一个员工从 Cybozu 离职，六年之内都是可以回来的。

岸见：能让员工在工作中感受到自由，这是非常重要的。

青野：被先生夸奖是件非常开心的事。但现在新冠肺炎疫情的确不太乐观，每个人都会为自己的前途感到焦虑，甚至逐渐迷失方向。

在岸见先生看来，一个优秀的管理者应该如何应对这种至暗时刻呢？当然，这个问题有点远离一开始谈到的"生产效率"和"竞争"这两个话题了。不过机会难得，还是想请教您一下。

岸见：我们现在面临的状况是前所未有的，我相信没有一个人能够确切地回答你的问题。所以首先要强调的是，即使身为管理者，也要有承认自己不完美的勇气。

而且对我来说，即使是已经决定好的事，如果在执行过程发现有问题，也要有撤回的勇气——这么做会给组织带来很大转变。

更重要的是，管理者不要只考虑自己，还要考虑组织、社会甚至整个世界。员工如果看到社长不是一个只顾自己的人，而是着眼于整个世界来行动的话，即使有一天这家公司倒闭了，他们也会以"曾经在此工作过"为荣。

新冠肺炎疫情不是管理者的错，所以不要隐瞒真相，坦率地承认自己遇到了难题。为了组织、为了社会，领导要和下属共同渡过难关。我希望你有这样的气魄。

青野：您说的没错。正是因为要共同面临当下的难题，领导才更应该珍惜与下属的关系。同时，领导要考虑社会、考虑世界，考虑现在还能做什么，然后不断地挑战。当然了，只要有挑战，就要有承受失败的决心。

岸见：是这样的。

即使这家公司倒闭了，我也会以"曾经在此工作过"为荣

青野：这么看来，那些因为受到新冠肺炎疫情影响，营业额下降，最终选择申请破产的公司并没有做出正确的选择。不如先把公司的现金发给大家，让这些员工都能得到暂时的保障，支持他们找到新工作，日子也不会太难过。

岸见：但是很多人都没能想到这一点吧。

青野：这正是管理者的核心问题。如果管理者不是为了员工、为了社会，而是总想着自己的尊严，那么他也很难在非常时期发挥作用。即使员工遭遇不幸也要勉强维持企业，用不了多久，大家都会伤心离开。

小野：为了整理成方法论，请让我总结一下到目前为止谈到的"非常时期的领导力"的要点：

- 拥有"承认自己不完美的勇气"。
- 出现错误的时候要有"撤回的勇气"。
- 不要只考虑自己，多考虑组织和社会。

不通过"竞争"也能提高"生产效率"

青野：在总结了"非常时期的领导力"之后，关于我之前提到的"社会竞争是否有问题"这一点，我想和先生进行进一步的探讨。

小野：是的，之前的话题是有点偏离。说起社会竞争的问题，岸见先生引用的这句阿德勒的话给我留下了深刻的印象："竞争格外损害精神健康。"

就拿我自己的工作经验来说吧，我编辑的书有很多已经再版超过数千册了。有一本书再版超过一万册，我本来很高兴，但发现出版社的其他同事有人已经做过再版十万册、数十万册甚至上百万册的畅销书了。想到这些，我的心情一下子变得很糟糕，所以这样的思考方式的确会损害"精神健康"。

但是这种内心的挣扎，难道不属于上进心的一种吗？如果否定竞争的话，经济还会发展吗？人们还会成长吗？

青野：岸见先生说过，不通过"竞争"也能提高"生产效率"。我在听到这句话时的第一反应是，先生所说的"竞争"应该与我认为的不同，或许使用了其他词汇来描述吧？

岸见：的确如此。

青野："竞争"这个词无论如何都会和"输／赢"联系起来。

岸见：并不是赢了就好，我刚才说过，即使赢了一次，谁能保证下次就不输呢？总担心下次会输，然后一直处在战战兢兢的状态中，这不是什么好事。有人赢就有人输的话，说到底还是零和博弈，这不是社会发展的长久之计。

青野：关于竞争，我们需要创造一个双赢的概念吗？

岸见：也不是这个意思，我又要说重复的话了：与竞争无关，而是给自己树立一个"竞争对象"，努力向那个人的能力与才华靠拢，希望自己也能变得更好，这其实不就是提高生产效率的过程吗？

但也不要树立"战胜那个人"的目标，这个目标会诱导你犯错。

青野：怀着对他人的尊敬，努力向更高的目标靠拢，创造一个既能获得幸福又能提高生产效率的社会。这可以理解为一种"竞争意识"吗？

明天的自己，或许根本无法工作

岸见：阿德勒用的是"追求优越性"这个表达方式，但这句话在阿德勒生前就被误解了。

"希望成为更优秀的人"的想法本来没错。但如果把这个过程想象为"从下往上爬梯子"，那就错了。因为我们很有可能产生"把比我更高的那个人拽下去"的念头，从而导致恶性竞争。

所以，后来阿德勒心理学的研究者建议大家把"追求优越性"理解为"后面的人追赶前面的人"，而不是"下面的人追赶上面的人"。在同一个平面上，既有走在前面的人，也有走在后面的人，这样就会弱化"竞争"的印象。

但是我认为这样也不够，因为一定也会有人觉得走在前面的人才是优秀的，走在后面说明自己不行。

有的人现在还是单身，还能全情投入工作，可一旦结婚生子，这种状态多少会发生变化。青野先生，人的一生很漫长，会发生很多改变，如果公司可以为人生的不同阶段考虑，让大家在遇到改变时也能安心工作，我想这会实现全社会的梦想。

"竞争"这个说法还是要改一改的。另外，社会上有很多在工作的人，也有很多不工作的人，还有一些属于暂时不能工作的人。这些人都有资格活下去，所以我们要先从语言环境入手，为大家创造一个更具包容性的社会。

说到这里，我想起之前在医院工作时经历的一件事。

那时医院有一个日间护理的项目，每天会有 60 位左右的患者来到医院，中午大家会一起做饭吃。给 60 个人买菜做饭是很辛苦的工作，当我向大家求助："有人愿意和我一起去买菜吗？"差不多只有 5 个人答应帮忙。买完菜回来后再次问大家："有人愿意和我一起做饭吗？"同样也只有大约 5 个人答应帮忙。等到饭做好招呼大家用餐的时候，所有人都来了。

即便如此，也没有人会责怪那些没有帮忙、只有吃饭时才出现的患者。如果非要说原因的话，是因为大家都形成了一种默契："我今天能帮忙是因为身体状态还不错，如果明天不能帮忙是因为状态不好，大家多担待。"

我认为这些患者就是一个健全社会的缩影。

即使因为各种各样的原因无法工作，暂时没有"产能"，那也不能说某个人"没有价值"。这也是我长年照顾父母之后的心得体会。

青野：我想起位于大阪的一家名叫"巴布亚新几内亚海产"的公司，这家公司的主营业务是加工和销售从巴布亚新几内亚进口的虾等水产，只有十几名员工。他们可以自由安排自己的工作时间，如果不能到岗上班也无须向上级汇报。

岸见：这还挺让人惊讶的。

如果讨厌某项工作，不做也可以

青野：尽管如此，每天都会有人到岗上班。当然，也会出现某个工作日公司空无一人的状况，但是公司的业务依然可以正常运转。更令人吃惊的是，这里的员工拥有这样的权利：如果讨厌某项工作，那不做也可以。

比如，某位员工喜欢给虾称重的工作，但是不喜欢打包工作，那他就可以申请只做前者。这样一来，员工的积极性明显提高了，公司的离职率也不断下降，外界希望进入这家公司工作的求职者也明显增加了。我曾经和他们的厂长武藤北斗有过一次交谈，感兴趣的话，大家可以来我们公司的网站看看。

岸见：大多数管理者都有一种误解：如果无人看管，那员工就不会好好工作。事实上，即使处在自由的环境中，如果员工能体会到自己的贡献感，那他们一定不会吝于工作。在自己能做到的范围内努力发挥价值，这就是真正的"自立"。所以，管理者的价值并不是"做指示"，

而是 "发挥模范带头作用"。

青野：这是一个十分有趣的观点。

"幸福的努力工作者"也容易"黑化"

岸见：领导要让自己 "看起来很开心"，这是一件好事。"虽然工作很辛苦，但内心觉得很快乐、很充实。"的确会有这样的人，让人非常羡慕。

但是，如果这样的领导对下属说："我做了这么多，你们也应该做到。"那么这位领导就会瞬间 "黑化"。

我想青野先生和我想的也一样吧？我现在是一个自由职业者了，工作起来也很拼命。从早起到深夜，除了陪孙子玩一会儿，剩下的时间都在工作。这样的工作方式是自己可以接受的，但是我绝对不能以此为标准要求别人。如果有人看到我的工作状态很好、很开心，因此愿意看看我写的书，那这也算是我为提高世界整体的生产效率做出了贡献。

青野：幸福和提高生产效率并不矛盾。人们在多样性、包容性的社会里平等地活着，那该有多美好啊！

小野：确实如此，如果能像岸见先生说的那样，大家都把焦点放在贡献感上，这样在工作时内心一定会觉得无比充实。我深切地认识到，每一个职场人或许都处在不同的人生阶段，要面临的状况也各不相同——管理者不能忘记这一点，要多为员工考虑啊！

第五章

与"悠绿那"的社长出云充的对话（2020 年 7 月 17 日）：即使有所忍耐，我也会向下属表达愤怒

勇气的力量

出云充

悠绿那（Euglena）社长。

1980 年出生，毕业于东京大学农学部。2002 年就职于东京三菱银行。2005 年 8 月创立悠绿那公司。同年 12 月，公司成功实现纤细裸藻"悠绿那"（又名：草履虫）在实验室环境外的大量培养。创业的契机来自 1998 年在孟加拉国的一次实习访问，当时受到了非常大的冲击："世界上的确存在真正的贫困。" 公司因利用废弃的食用油作为"悠绿那"的培养源，并且不断致力于开发生物燃料等举措备受世界瞩目。

岸见：出云先生好，初次见面请多关照。虽然如此客气地打招呼，但感觉我们好像并不陌生。

出云：先生好。对我来说，今天是"苦恼的青年"终于见到了"哲学家"，我非常感激这次见面。

小野：出云社长是岸见先生的畅销书《被讨厌的勇气》的忠实读者，

这一点大家都知道。

岸见：之前我只知道您的名字，因为您在采访和书评中屡次推荐《被讨厌的勇气》。但这是我们第一次真正见面。

出云：是的。今天我们对话的主题是"领导力"，但首先我想借这次见面的机会，表达我对岸见先生的《被讨厌的勇气》一书的感谢。

最近，新冠肺炎疫情的暴发成为全球都要面临的严峻问题。自从《被讨厌的勇气》在 2013 年出版以来，每当社会发生巨大变化或危机时，我总是能从《被讨厌的勇气》这本书当中获得帮助，所以今天无论如何都想先对先生表达一下我的谢意。

小野：拜读过出云先生的采访报道之后，我被以下两个观点深深打动了：

- 不搞"原因论"，而是注重"目的论"。
- 要有"共同体感觉"。

因为不能出门而绝望的人们

出云：嗯，如果参照《被讨厌的勇气》的写作形式的话，今天作为"青年"的我，想和"哲学家"岸见先生从以下两点出发，展开对话。

我们公司一直致力于以"悠绿那"为代表的纤细裸藻的研究，期望借助生物力量为社会可持续发展做出贡献。2011 年东日本大地震发生的时候，我们公司位于岩手县釜石市的海洋生物研究所被地震引发的海啸冲垮。收到消息后，我立刻前往东北部视察情况。除了釜石市，接下来我还考察了三陆地区附近几个受灾严重的城市。

在政府人员的带领下，我们参观了市里的"弹子房"[⊖]，没想到生意相当兴隆。当然，对这种现象的看法是因人而异的。我个人认为，弹子房生意兴隆，说明地震让很多人遭受了巨大的挫折，失去了重新振作的勇气。

之后我还看到了受灾地区的小学生努力学习跳舞，给当地福利院的老人们和前来救灾的自卫队队员们表演的场面。学生们还给自卫队队员画了表达感谢的卡片。

这两个场景都让我大为触动。

两年之后，当我第一次打开《被讨厌的勇气》这本书的时候，那时的画面开始在头脑中复苏，这让我把开头的一句话反复读了好几遍：不是"因为不安，所以不能走出去"。其实顺序正好相反，应该是"因为不想出去，所以内心产生了各种不安的情绪，以此作为不出去的理由"。

啊，我当时在受灾的城市看到的不就是这样的景象吗？那些失去了热情的人们，似乎都是被这种"外在的因果论"困住了。

小野：不是因为灾难夺走了他们对生活的热情，让他们没有办法继续前进，而是因为不想前进，所以才以受灾为理由停滞不前。原来是这样的"因果论"啊！也就是说，受灾的人在给自己不想出门找理由吗？这种说法很残酷。

⊖ "弹子房"是日本经营パチンコ（Pachinko）的娱乐场所，带有赌博性质，容易让人上瘾，甚至最后落得倾家荡产的结局。——译者注

出云：《被讨厌的勇气》的开篇场景，就是哲学家将那位青年的烦恼一语道破的一幕。

青年因为自己小时候受到父母的虐待，所以长大之后决定闭门不出。哲学家却指出：这种逻辑是矛盾的。受虐待是"过去"的事情，不想出门是"现在"的事情。如果是过去的事情控制现在的事情，那岂不是所有受到父母虐待的孩子长大之后都会变成"家里蹲"吗？如果现实情况并非如此，那就说明这个逻辑不成立。

这里引出的就是"目的论"，否定人要被过去的创伤所束缚的"原因论"。不要停留在过去，未来人生的选择权掌握在自己手中。

这可能是个痛苦的世界，却不是个危险的世界

小野：对于这个想法，我和出云社长产生了强烈的共鸣，觉得深受感动。除了"目的论"之外，让我印象深刻的另一点就是"共同体感觉"。

出云：是的，即使在受灾那么严重的地方，我依然可以看到为爷爷奶奶翩翩起舞的孩子们，他们正在为了帮助他人而努力，这可能就是岸见先生所说的"共同体感觉"。读了《被讨厌的勇气》之后，这种感觉更明显了：在那样艰难的情况下还能充满生机的孩子们，内心当中一定充满"共同体感觉"。

因此，每当遭遇巨大的社会变化或人生危机时，我都会重读《被讨厌的勇气》，然后要求自己为人类这个共同体做出贡献。

在偶然的机会下，我开始研究"悠绿那"等生物，力图为改善地球的生态系统做出自己的贡献。所以对于"共同体感觉"这一概念，我的

理解或许比书里那位青年更加深刻。尽管如此,我还是会有迷茫的时候。每到此时,《被讨厌的勇气》就是指南针一样的存在。所以,首先我要向先生表达感谢,谢谢您给了我一本这样的人生指南。

岸见:听了出云先生的话,我自己也开始重新思考一些问题了。人如果处于痛苦当中,该怎样使自己得救呢?这个话题放到现在依然合适,毕竟有人因为新冠肺炎疫情反复而遭受痛苦。在这种情况下,人们总是在思考如何才能找到希望。

小野:这是作为哲学家的思考啊!

岸见:心中的希望对于年轻人和孩子来说更为重要。这可能是个痛苦的世界,但不要为此感到绝望,我想出云先生已经解释过这一点了。并且我们要相信周围的人是伙伴,而不是敌人。

出云:是的。

"我没能失去对未来的美好希望"

岸见:即使发生了可怕的事,也要相信周围的人是朋友,而不是敌人。他们不是那些想要害你的人,即使处在痛苦之中,如果有需要,你依然可以求助于这些伙伴。

如果总觉得周围的人都是可怕的、都是要伤害自己的人,那么你就不会产生求助他人的念头,也更不会希望自己能为他人做出贡献。

可是如果你不想做出贡献,那就无法在苦难中抱有希望。说起"如何在苦难中抱有希望"这个话题,我认为能帮助他人、有贡献感是非常重要的。

所以，受灾后的人们才能在苦难中重新站起来。就像出云先生刚才说的那样，孩子们跳舞是因为觉得这样做可以帮助那些爷爷奶奶们。也正是因为这份贡献感，孩子们对社会的信任度也在增加，然后才能在痛苦中找到希望。

哲学家三木清说过这样一句话："我没能失去对未来的美好希望。"

这是三木清的著作《难以言喻的哲学》当中的一句话，写这句话时他二十三岁。1945 年 9 月，年仅四十八岁的三木清以政治犯的身份在狱中去世。那时日本已经战败一个多月，他没能等到被释放的那天就不幸去世了。

在写《难以言喻的哲学》时，三木清还不知道自己即将迎来的残酷命运。为什么他写的是"没能失去希望"而不是"没有失去希望"呢？

人是无法独立存活在世上的，我们必须与他人产生联系，希望也是他人给予的。

希望不是从自己内心当中产生的，而是从他人那里获得的。所以即使自己身处痛苦之中，也不能失去希望。反过来说，对于那些身处痛苦当中的人们，我们也要做自己力所能及的事情来给予他们力量。

今天的对话让我想起出云先生曾经写过《我决定用悠绿那拯救世界》（钻石社）。这本书从孟加拉国的贫困问题切入，讲到了地球的生态系统，视角甚至涉及了整个宇宙。出云先生创业的愿景非常宏大，我深受感动。

比起"信用","信赖"更重要

出云：非常感谢您的评价。

我在刚才您提及的书中也写到过：1998 年，我十八岁，在孟加拉国第一次见到由于贫困而营养失调的孩子们。为了给他们找到营养更丰富的食材，我开始努力学习生物学，并最终发现了名为"悠绿那"的藻类。

我在孟加拉国遇到了穆罕默德·尤努斯（Muhammad Yunus）先生，他是格莱珉银行（Grameen Bank）的创始人，这家银行被称为"穷人的银行"。当时十八岁的我以实习生的身份来到孟加拉国，从尤努斯先生那里学到了很多。

尤努斯先生做了一件跨时代的事：不是以"信用"而是以"信赖"为担保发放贷款。

一般的银行都会根据客户的信用程度来发放贷款，衡量的标准基本上都是担保人的实际经济状况。

但是，尤努斯先生却给这群年收入 3 万日元、干一天农活只能挣100 日元左右、无论如何看起来都是贫困潦倒的人们，发放了无信用担保、无抵押、每人 3 万日元的贷款。这不是基于信用的举措，而是信赖。

后来结果怎么样了呢？

拿到这笔 3 万日元的贷款之后，农民们可以购买肥料，因此农作物的产量会加倍，收入也会加倍。他们靠着这笔贷款再加上自己的努力，过上了比之前更好的生活。而且他们完全有能力偿还这笔3万日元的贷款。格莱珉银行将钱款收回后，再将它发给下一个穷人，如此循环。

到目前为止，已有九百万贫困人口受到过这笔贷款的资助。尤努斯先生继续贯彻不以"信用"而是以"信赖"作为担保发放贷款的举措，无信用担保、无抵押，不断改善着孟加拉国贫困人口的生活状况。

或许正是因为亲眼见证了这个过程，我后来创办悠绿那公司时也充满动力。

关于"信用"和"信赖"的区别，我想岸见先生已经做过说明，以尤努斯先生为师的我也非常熟悉"信赖"这个概念了。但这还远远不够，我希望它能更加深入人心，被广泛地应用于社会各界，比如风险投资行业、教育行业或职场中的领导力提升等。

小野：银行一般根据"信用"发放贷款，然而格莱珉银行却在"信赖"的基础上发放贷款，解决了贫困用户的贷款问题，也证明了这种模式的可持续性。正因为见证了格莱珉银行创始人尤努斯的壮举，出云社长才对岸见先生所说的信用和信赖的区别理解得更深刻了。

出云：尤努斯先生于2006年获得了诺贝尔和平奖，他是我事业上的老师。如果有人问格莱珉银行做出了什么划时代的壮举，我刚才也说了，那就是不依靠"信用"而是以"信赖"为基础发放贷款。

和尤努斯先生相遇十几年后，我读到了《被讨厌的勇气》。这是我第一次接触岸见先生的著作，从一开始读的时候就有种不可思议的感觉。

或许是因为岸见先生提出的"不依靠信用而是看重信赖"的观点与尤努斯先生的做法是相通的吧。

小野：下面引用一段《被讨厌的勇气》中所说的关于信用和信赖的内容：

"在这里，我把相信分为'信用'和'信赖'两个含义。首先，信用是有条件的。典型的例子就是'信用卡'这种东西。在银行办理借贷业务的时候，要出具某种担保，银行根据你担保的价值来判断：'只能借给你这么多，而且你要有偿还能力才能借给你。'这样的态度不叫'信赖'，而是'信用'。与之相对，阿德勒心理学认为人际关系的基础应建立在'信赖'⊖之上，而不是'信用'。"

出云：格莱珉银行的做法正是"无条件地相信"，不需要担保也能获得贷款，而且这些贷款约有99%可以被按时偿还。

反观日本的银行，恨不得在贷款合同中"绑定"用户，尽可能寻求多方面的担保。即便如此，还是有贷款无法收回的情况出现，甚至一个时期内银行可以产生几十万亿日元的不良债权。总觉得这件事听起来很愚蠢。

在认识尤努斯先生之后，我的创业之心被点燃了。我想几乎所有创业者都会遇到融资困难的情况，于是第一步当然是去银行贷款。

我向银行工作人员报告："因为希望未来将裸藻应用于生物燃料的

⊖ 这里的"信赖"指的是无条件地相信他人。——译者注

开发，所以悠绿那公司需要筹措一笔资金。"于是他们便向自己的领导汇报："有一家名叫悠绿那的公司来借钱，需要 ×× 亿日元。"那位领导过来问我："有担保吗？有什么实际成果吗？"

向银行借贷的时候一定会被问到这两个问题："有担保吗？""有什么实际成果吗？"

但是，向正在挑战新事物的年轻人和他的初创公司寻求担保或实际成果，这件事难道不矛盾吗？不仅是在日本，我相信在世界的其他地方也都是如此吧？没有担保和实际成果就无法募集资金，创新工作者也无法开展工作，那么这个世界上还会有新事物诞生吗？

我觉得还是有很多人没有注意到这种矛盾，不管是在日本还是在世界其他地方。

幸运的是，即使没有担保和实际成果，我还是受到了很多人的"信赖"。他们把我当成一位"有热情的年轻合伙人"，然后加入到悠绿那的团队中。比如负责开发研究的执行董事铃木健吾、负责保健公司销售渠道业务拓展的董事福本拓元，还有伊藤忠商事等大企业也成为了我们公司的合作伙伴。他们都是在"信赖"而不是"信用"的基础上支持我的，这也是我走到今天的原因。

以信用为基础进行判断，这在现有的业务发展中当然很重要。但如果为此忽视信赖的话，那就无法挑战创新业务。我想所有管理者，尤其是银行的高管们应该意识到这样的事实。

我经常听到："以前的索尼、本田都是银行培育出来的企业啊！"还有人感叹："现在已经见不到这样的事情了。"

我觉得这不是银行本身变质了，而是银行高管的领导力出现了问题。从前的银行高管知道以信赖为基础开展业务，支持创新业务的发展，现在的领导们都忘了这一点。

如果市面上没有类似的产品，创新就不能被认可？

岸见：想必出云先生也从我的书里看到了，从年轻时开始，我的账户余额一直在十几万日元上下浮动，这是一个非常可怜的数字。所以去银行办理业务时，几乎没人理我。

但是《被讨厌的勇气》出版发行后，银行的工作人员突然打电话联系我："钻石社那边昨天给您转了一笔钱，请问您知道原因吗？"对他们来说，一个长年余额只有十几万日元的账户上多了一笔"巨款"，这是件非常可疑的事。

出云：真是无语啊！

岸见：因为是这本书第一次出版，所以金额也不是很大。但和我平时的账户余额相比，那已经是天文数字了。

之后有一次，我去银行取钱，一个贷款业务负责人突然飞奔过来，热情地向我推荐信托基金等投资方案。

出云：这也太过分了吧！

岸见：用金钱来评判一个人是非常讨厌的，但现在人与人交往似乎只考虑"对我有什么好处"。

出版《被讨厌的勇气》对当时的出版社来说也是一件非常冒险的事

情，因为我是一个毫无名气的作者，市面上也没有见过类似的书。尽管如此，出版社还是愿意冒险。当出版这本书的方案被通过时，背后的基础不是信用，而是信赖。

小野：出版社其实无法判断这本书能否受到读者欢迎，所以成本风险非常高。

出云：目前，这本书在日本的销售量已经突破260万册，系列书籍在全球的销售量也超过了1300万册，可以将其称为"新经典名著"了。

"反正你又会……"是一种非常挫伤勇气的表达方式

岸见：就像出云先生和银行交涉的过程一样，出版社对于新事物也是很谨慎的。在策划会上，编辑一定会被问到这样的问题："以前有过类似的书籍出版吗？那本书卖了多少？"

如果出版一本和畅销书相似的书，说不定这本也会畅销。当然这也只是凭经验预估而已，没有人能准确判断哪本书出版后一定会畅销。可是，如果不尝试、不挑战的话，那些改变世界的书也不会被出版。

我们这些上了年纪的前辈们，必须要理解这种情况。当年轻人拿着策划方案对我们说"我觉得会畅销"时，大多数领导会立刻否决："不可能。"

"到目前为止没有先例啊！"如果总这样说的话，创新还会发生吗？如果要追求创新，那么年轻人在主动挑战的时候，我们就要给予支持——即使知道有可能失败，也要支持。这时需要的就是"信赖的勇气"。

其实，普通的人际关系也是一样的。

我接触过很多因为孩子不愿上学而苦恼的父母。

长时间不上学的孩子突然说："我明天要去上学。"这时父母往往会冒出一句丧气话："反正你又会很快放弃的吧？也就能坚持一周？"这样的话对孩子来说杀伤力非常大，他们很可能会因此受挫。有时朋友说："明天我要开始减肥了。"我们也会怼一句"反正你又会……"，类似的话也会让朋友十分受挫。

"反正你又会……"的说法是在表达："你的谎话我听腻了。"所以听者才会有受挫的感觉。如果父母对重新鼓起勇气想要去上学的孩子说一句"加油"，这会成为莫大的鼓励。

因为纠结于孩子过去不爱上学的表现，所以觉得现在的勇气也是昙花一现。"反正你又会……"的说法就是在挫伤孩子的勇气。所以你看，连很多父母对待孩子都是以"信用"而不是"信赖"为基础的，这个社会问题真的很严重。

下属的忠告是信赖的证明

出云：无论是亲子关系、商务能力还是领导能力，都可以应用岸见先生在《停止表扬》中写的那样："以信赖为基础。"

在这里，先生又强调了领导和下属之间构建良好关系的前提是信赖，具体还可以分为以下两点：

- 相信下属有自己解决问题的能力。
- 相信下属的言行是出于善意的。

作为管理者的我，深刻地认识到了以上两点的重要性。如果能通过这本书向所有领域的管理者们传递信赖的价值，那么日本这个国家一定会越变越好。这么想着，我带着兴奋又读了一遍这本书。

不过我的理解没问题吧？

岸见：可以这么理解。

领导或许很难相信下属有"自己解决问题"的能力，尤其是那些迄今为止经常失败的下属。但即使面对这样的下属，领导也只能选择信赖，相信他们有自己解决问题的能力。而下属自己也要相信自己有解决问题的能力。

在下属看来，如果领导不能信赖自己，那么提高自己能力的机会就少之又少了。即使有风险，也要让下属迎接挑战。如果失败了的话，领导来兜底——现在需要的正是这样的管理者。

关于"相信下属的言行是出于善意的"，领导一定要感谢那些敢于给自己提意见的下属。万一给他们留下了"跟这个领导说什么都没用"的印象，那么你将会逐渐失去下属的信任。

下属给领导提出的意见，很多情况下都是刺耳的。如果那个意见非常具有针对性，领导的情绪可能会瞬间失控。但是，我们换个角度想想：这位下属敢于向你提出意见，说明他在内心深处是信赖你的，说明他认为"你是一个可以坦诚相待的人"。明白这一点之后，你一定可以对他表示感谢。

当然，下属的意见也有行不通的时候。如果他们的理解是错误的，领导有义务帮助他们改正。但这时领导要注意方式，要好好沟通而不是批评。我认为领导对下属"甩脸色"是一种非常幼稚的行为，所有领导都应该避免这种情况出现。

脑子里很明白，但实践起来就会有困难

出云：所以我也想和先生探讨一个让我困惑的问题。

读了您写的《停止表扬》，我领悟到了什么叫"民主领导力"。虽然读起来很有同感，但是一旦要自己实践的话，就会开始怀疑："这样真的可以吗？"

实际上我在阅读的过程中的确经常遇到这样的问题，会一边看一边质疑："在现实生活中，这些都可以实践吗？"

岸见：读到什么地方会让你产生这样的质疑呢？不要有顾虑，请直接告诉我。

出云：一般在产生这种质疑的时候，书上的内容往往会"戳中"我的心，比如书中的这一段：

"几乎所有人都会说：'我非常赞同先生的观点，但是……'这种表达方式用英语来说就是：'Yes，but……'当你说出这句话的时候，就表示自己在心里已经做出了放弃的打算，而不是考虑该如何实践才能成功。"

当时我在阅读过程中刚好产生了这样的念头："我能理解，但是……"所以读到这段的时候，我忍不住哈哈大笑起来。

但是即使读到了这段话，我心里还是想说："是的，但是……"虽然我能理解先生说的"民主领导力"，但内心还是产生了"不想改变""维持现状""挑战新事物失败的风险太大了"这样的念头。

因此，今天主要想和岸见先生探讨两方面的问题：

第一个方面是"课题分离"。阿德勒心理学中的"课题分离"指的是以"最终结果会降临到谁身上"或者"最终遭受困扰的人是谁"为判断标准，明确当下的问题是"谁的课题"。在原则上，我们不能涉足别人的课题。即使是亲子关系，父母也不能干涉孩子的课题。

《被讨厌的勇气》中也有类似的说法，但是在实践的过程中我发现困难重重。

在《停止表扬》中也记录了发生在岸见先生儿子身上的一个小故事：当时两岁的儿子拿着装有牛奶的马克杯在家里四处走。岸见先生看着儿子那摇摇晃晃的样子，知道这么走下去牛奶一定会洒。但是，那只马克杯是塑料做的，应该不会让儿子受伤。于是先生就这么眼睁睁地看着儿子把牛奶给洒了。因为保证牛奶不洒、成功地喝进肚子里是孩子自己的课题，不是父母的课题。

我也是个有孩子的人，但我如果看到了同样的场面，一定会忍不住训斥孩子。

岸见：当然，如果孩子真的快要遭受危险了，这个时候父母当然要赶紧制止。不过没必要为此训斥孩子，只要说"住手""停下"之类的词就可以了。最重要的是要让孩子意识到危险或者错误，下次不要再犯。

"那么为了不再犯，你应该怎么做呢？"要向孩子发出这样的提问。如果孩子不知道的话家长要教他们，但是整个过程都没有必要训斥。

出云：不仅是对孩子，我在公司里对着合作伙伴也有忍不住发火的时候："这些东西我不是都说过了吗？！"虽然我也想尽量不要生气。

"这话是什么意思？你觉得我做不到吗？"

"你连当初设定目标的十分之一都没达到。当时为什么会设定这样的目标呢？你好好回想一下吧！"

于是，接下来的沟通就变成了这样。我想不管怎么克制，我流露出来的愤怒还是被对方感受到了。

也就是说，即使我对"课题分离"的概念已经了如指掌，但在实际生活中面对亲子关系或者员工关系时，还是有毫无头绪的时候。

岸见：那么你想探讨的第二个方面是什么呢？

出云：第二个方面是关于感谢的。

岸见先生一直强调"谢谢"这句话在"民主领导力"当中有多么重要。先生认为，不管是对下属还是孩子，都要做到不批评、不表扬，但是要多说"谢谢"。

读到这些之后，我也下定决心："从现在开始多多地感谢下属吧！""我要成为世界上最会感谢的老板！"我甚至在公司内部针对这些想法做了宣讲。但是，每当遇到那些表现并不出色的下属，即使对他们说了"谢谢"，我的内心还是会发出质疑的声音："这个人在听到感谢之后，真的就会努力工作了吗？"现在甚至对其他人说完"谢谢"之后我也会怀疑："这样真的有用吗？"这种感觉真让人很痛苦啊！

岸见：原来是这样啊！

出云：先生一定知道实践起来有多辛苦吧，不然也不会提醒我们"Yes，but……"这样的话了。

我相信有很多人和我一样，非常赞同先生的观点，并且也愿意付诸实践。可是真的实践起来，有些人又会因为困难重重而打退堂鼓。像我们这样的"中级者"——这个头衔是我瞎编的，总之像我们这样处于中级水平的人，先生能给一些书中的哲学家没有说过的建议吗？

岸见：那么我就先谈谈"是的，但是……"这个问题。

"是的，我能理解。但是……"说这句话的人或许是可以试试看的，一旦说出"但是"这个词的瞬间，其实内心就已经做出了"放弃"的决定。

出云：是这样啊！

"因为有 A 在，所以 B 无法实现"是一个逻辑陷阱

岸见：所以，每当阅读我的观点，想说"但是"的时候，先尝试制止这个念头如何？

即使觉得说"谢谢"时心里有点拧巴，但是不管自己带着怎样的表情，先把这句"谢谢"说出来，然后再观察一下周围发生的变化。

阿德勒用"自卑情结"来形容那些在生活中经常以"因为有 A 在，

所以 B 无法实现"或者"因为不是 A，所以 B 不能实现"这样的逻辑处事的人。

因为 A 的存在，所以"没办法""不能做"。常见的说法是："过去的 ×× 经历给我造成了创伤，让我现在无法好好生活。"

在说出"是的，但是……"的句式之后，他们还会给自己找一些理由放在"但是"之后，以此坚定自己放弃的决心。为了摆脱这种状态，首先他们要有勇气停止说"但是"。

出云先生刚才用"中级者"来形容自己。如果理解了这一点，那就可以努力成为"高级者"了，今天的对话也可以结束了。

出云：啊？您说什么？

岸见：开玩笑啦！其实那些说"我明白"的人，真的明白了吗？也不见得。像出云先生这样，意识到"自己还有很多不知道也做不到的事情"，这一点是非常重要的。

我们其实永远都是"初级者"——我们应该永远把自己当成"初级者"

岸见：《停止表扬》是我写的第一本与领导力有关的书，我也想通过这本书来支持那些想要实现"民主领导力"的管理者。

因为我是一个哲学家，所以很在意事物背后的理论。如果我能从理论上阐明领导力的话，那么那些迄今为止发挥良好的管理者会清楚地知道自己优秀的原因，而且对自己的理论深信不疑。如果真能做到这一点的话，那该有多好啊！

我经常听到这句话："用头脑思考一下还是能理解的……"在公开
演讲时的提问环节，我经常听到观众以这句话为开场白向我提问。

理论方面的东西"用头脑就能明白"，但是"在现实中……"

岸见：对于这样的人，我一般会说："那就先用头脑来理解吧！"
因为头脑不理解的话就不能实践，所以请先在脑海中演练一下。

出云：可我属于用脑子能理解，但在实践时会遇到困难的人。

小野：我们先来整理一下出云社长在学习"民主领导力"中遇到的
难点。

• 不要对一起工作的合作伙伴生气，但有时难免会流露出愤怒的情
绪，而且对方也感受到了。

• 尽可能地多说"谢谢"。读了岸见先生的书才知道，有时会有"口
不对心"的情况发生。

不过最初的烦恼是与"课题分离"相关的问题。

岸见：想要做到"课题分离"确实很难。

不要在别人的问题里"当家做主"

小野：举一个生活中常见的"课题分离"的例子：孩子不爱学习是
孩子自己要解决的问题，父母不应该插手。但是，职场关系和亲子关系
是有区别的，下属已经犯错或者失败了，领导怎么可能放着不管呢？即
便如此，在指出下属问题的时候，领导也不应该用生气、批评的方式，

这是岸见先生一直坚持的观点。

但是，如果在现实中遇到重复犯错的下属，完全不产生愤怒的情绪是很难的。

岸见：让我们回到最初的目的上："课题分离"并不是目的，我们想要达成的目的是"合作"。

出云：是的。

岸见：人与人之间最重要的关系是"达成合作"，无论是亲子关系还是职场关系都是如此。

只是在合作的时候，我们在很多情况下都分不清"这是谁的课题"。因此我们要像解开缠绕的线一样，分清眼前的问题是"谁的课题"。只有分清楚之后，合作才有可能达成。

阿德勒心理学把没有分清楚的状态称为"课题混淆"。

出云：的确如此。

岸见：如果孩子不好好学习，导致分数不够，无法进入自己喜欢的大学，最后的结果是需要孩子自己承担的。

所以对于那些因为孩子不爱学习而向我咨询的苦恼父母，我通常会说："那是孩子的课题，不是你们父母的课题。"

如果父母干涉孩子的课题，就一定会产生纠纷。之所以会有人际关系纠纷，大多数起因都在于干涉别人的课题，或者自己的课题被别人干涉。

出云：是的。

岸见：所以我会对这些父母说："让孩子自己处理自己的课题，父母不要再干涉了。"不出意外，父母会立刻说"但是……"

出云：就像您刚才嘱咐我的一样，回答"是"之后，要忍住说"但是"。

岸见：有的父母会这样说："但是我不提醒孩子学习的话，他就干脆不学了。"

出云：先生应该会这样建议："下次试试看，如果什么都不说会怎样？"

不好好学习，人生也可以很美丽

岸见：其实不用试也知道，孩子的学习成绩多半会下滑。

一直被父母盯着才能学习的孩子，在突然失去监督后一定会立刻放弃学习，所以很快成绩就会下滑。只有明白"这样混日子可不行"，然后开始遵照自己的意愿努力学习，才是真正的自立。在此之前，父母不能干涉。

我个人认为，不把学习成绩看得那么重要，也能获得美好人生。况且并不是只有在学校里才能学习。每当接受那些父母的咨询时，我都会说出以上观点。

反过来想，努力考上好大学，进入大公司，这样也不一定能过上幸福的生活。因此，如果孩子想按照自己的意愿生活，走上与父母理想中不一样的人生，我们也要有支持他们的勇气。

今天和出云先生探讨过"信用"和"信赖"的区别。如果父母们愿意尝试一下，不要混淆自己和孩子的课题，其实也不是做不到。

父母如果发现孩子不爱学习，一定会去提醒。我觉得提醒是可以的，但是没有必要干涉太多。我建议大家用这样的方式沟通："看你最近似乎没有怎么认真学习，所以我想和你好好谈谈，可以吗？"

孩子很可能会回答"不用管我"。

出云：的确有这种可能。

"事情没有你想象的那么乐观"

岸见：因为孩子们还处在毫无畏惧的年纪里。

这时父母要告知他们："学习上的事可能没有你想象的那么乐观，但是有问题可以随时找我商量，决定权在你手里。"

出云：嗯……

岸见：父母可以像这样，在明确课题属于谁的基础上，摆出"随时准备合作"的姿态。如果孩子需要父母帮助的话，我们可以在可能的范围内达成合作。这就是亲子关系中的"课题分离"与"合作"。

但是，职场中的"课题分离"与"合作"是不同的。如果下属没有做出业绩且总是犯错，虽然理论上属于"下属的课题"，可是领导不能像对待孩子的学习成绩那样不插嘴、不干涉。

原因是，如果孩子不好好学习，那么最终的成果只会由孩子一个人承担。可是在职场中，一个员工的错误可能会扭转整个公司的命运。

出云：没错，是这样的。

岸见：说一点我的个人经验。有一次我的快递配送错误，被送到了同一间公寓的邻居那里，而这位邻居的快递则被送到了我家。还好最后我们都拿回了属于自己的快递，没有造成什么损失。

这位快递员看起来很年轻，经验不足，所以犯错也能理解。换句话说，我并没有因为这位快递员的错误否定他背后的快递公司。

可是所有人在遇到类似的情况时都会和我一样想吗？如果有客户因此评价："怪不得这个快递公司做不大呢，服务也太差了吧！"这也是可以理解的吧？

出云：是的。

仅仅犯了一次错，就可能让整个公司陷入危机

岸见：员工的一个错误，可能关系到公司的存亡。因此在下属失败的时候，领导不能因为"那是下属的课题"而放任不管，必须想办法让这件事成为"共同课题"。

而且在应对"共同课题"的过程中，领导不能被动地等待结局。在发现下属有失败的苗头时，领导就应该想办法阻止。

出云：是的。

岸见：因此，领导必须及时和下属沟通："你觉得这样下去会怎样呢？"也就是说，领导一定要让下属知道，如果按照现在的状态工作下去，可能会有怎样的结局。

阿德勒心理学将其称为"逻辑结局"，也可以说是"根据沟通，帮助他人预测结局"。

也就是说，领导在发现下属有失败的苗头时就要问他们："你觉得就这样做下去会发生什么？"下属多半会意识到问题并回答："会失败吧……""那该怎么办呢？"如此沟通下去，领导不再是一个单方面判断下属会失败的人，而是一个和下属一起应对问题的人。

这就是对待"共同课题"的方法。

但是出云先生应该明白，如果之前没有和下属建立信任关系，那么领导说的这些话很有可能会被下属理解为嘲讽、威胁和挑战。即使领导没有感情用事，下属也会觉得自己被厌恶了，这会导致双方的关系进一步恶化。

所以，处理"共同课题"的前提，仍然是平时就构建好的信任关系。不然一旦问题出现，领导不管用什么样的语气询问"你觉得这样下去会发生什么"，下属依然会觉得这是一种嘲讽、威胁和挑战。

出云：原来如此。

岸见：还有一点我要说明。如果下属犯错了，责任当然由下属承担。比如，对于那位送错包裹的快递员，责任应该由他自己承担。但这同时也是领导的责任——虽然领导可能不愿承认，但下属犯错说明领导平日里的指导也有问题，领导要把这份责任承担起来。

出云：是的，我也赞同这一点。

岸见：在看见下属不停犯错的时候，领导多半会责怪一句："你怎么总是搞成这样?"可是领导如果觉得责怪"下属无能"就能草草了事,那就太天真了。只有承认"做成这样下属也有责任",并且将"今后怎么办"作为领导和下属的"共同课题"对待才可以。

在这样的沟通中,领导完全没有必要生气,也没有必要批评下属。今天好像没怎么强调这一点:"领导和下属是平等的。"在平等的前提下,为了今后不再失败,我们应该如何应对?这才是协商的目的。所以,如果是为了协商而沟通的话,那领导有什么必要批评和生气呢?

在 SNS [⊖]时代,管理者要应对更多挑战

出云:送错快递的那个故事让我感同身受。我们生活在互联网时代,社交平台比比皆是。正如先生所说的那样,但凡有一个客户曝光了这个错误,信息扩散开来,公司的社会信用很可能会大幅下降。

岸见:是的。

出云:从这个角度来看,我们面临的挑战比阿德勒生活的那个时代要多得多。

岸见:的确如此。

出云:今天收获的新知识是"逻辑结局",以及如何处理"共同课题"。

之前我好像被"课题分离"这个概念束缚住了。但是今天我明白了,达成合作才是终极目标。对于在同一家公司一起工作的伙伴们来说,我

⊖ SNS 是 Social Network Service(社交网络服务)的首字母缩写。——译者注

们必须认识到"共同课题"的存在。

在对待"共同课题"方面，今天我也学到了：要和对方沟通出"逻辑结局"。而且先生再次强调，平时就和工作伙伴们建立互信关系是非常重要的。这样即使我们说出"如果继续这样下去会……"之类的话，他人也不会看成是嘲讽、威胁和挑战。

其实，正是因为我们生活在 SNS 时代，所以和平时一起工作的伙伴们建立互信关系才更为重要。

今天能明白这些，真是太好了。

岸见：刚才你还提到了"有时会忍不住对员工流露出愤怒的情绪"，现在还在为这件事苦恼吗？

出云：啊，已经好多了，谢谢先生。

用淡漠的态度说 "谢谢"

小野：刚刚出云社长还有另一个烦恼：读了岸见先生的书之后，虽然经常说"谢谢"，但是难免有口不对心、非常淡漠的时候。

岸见：这个问题我只能试着解答一下了。不要想着"这么说会不会有点尴尬"，即使不自然，也要先把"谢谢"说出口，然后观察周围人接下来的变化。

"谢谢"可以传达"做真实的你就好"这样的意思。当然，在职场中，我们不能允许所有人都"做自己"，尤其是那些不停犯错、总是失败的下属，必须要改正错误，让工作走上正轨才可以。

但是，领导必须要承认下属存在的必要性，肯定对方本身的价值，这是感谢的出发点。下属没有缺勤、坚持来公司上班，这就很值得领导感谢了；如果能在远程办公时按时参加会议，这也很值得感谢。

小野：领导承认下属存在的价值和贡献，就为建立互信关系创造了前提。如果再遇到一些必须措辞严厉的情况，领导也不用担心彼此的关系会恶化。

岸见：千万要注意的是，不要带着操控别人的心态去表达感谢。

出云：这是什么意思呢？

岸见：也就是说，你不能带着"希望对方听了之后会更努力工作""希望对方听了之后会提高个人能力"这样的心态去表达感谢。如果这么做的话，别人会立刻察觉到的。下属对领导、孩子对父母的这些小心思都是格外敏感的。

出云：原来如此。

岸见：绝对不能让下属察觉到你"别有用心"。下属将来的表现和现在你想表达的感谢是两码事。领导要信赖下属，只要好好指导的话，下属就一定会成长的。

出云：是的。

领导太有能力，下属就无法自立

岸见：今天还想嘱咐出云先生的一点就是"不完美的勇气"。如果您在今天的对话中有所收获，正在考虑接下来该如何实践的话，我的建议是直接向员工询问："作为公司的管理者，我最近学到了这样的理论。虽然在头脑中非常赞同，但是具体该怎么实践，说实话我还没有头绪，所以希望和大家一起讨论。"

我希望出云先生有勇气在员工面前说出这样的话。

刚才出云先生也表示，互联网时代的管理者要面临比过去更多的挑战，因此深感担忧。那么，您为什么不向自己的员工坦白这份担忧呢？

"我们现在生活在SNS时代，某位员工的一个小失误一旦传播开来，很有可能让公司的社会信用瞬间下降。这样的事情其实每天都在发生，所以也很有可能发生在我们公司。那么我们该如何避免呢？实际上我也没有答案，所以希望和大家一起讨论。"

出云先生不妨试试，以这样的方式和下属商量一下如何？

出云：好的。

岸见：在某种情况下，不完美的领导或许更能培养出优秀的下属。如果领导自己太有能力的话，下属会很安心地把自己的一部分责任转嫁给领导，而不会想着自立。在亲子关系中也是如此。如果孩子想到"爸爸/妈妈不太行"，就会想办法寻求自立。当然，我们不能说这是一种良好的亲子关系。但父母过于强大，也会成为孩子的压力，让他们失去自主行动的勇气。

为了让下属能够根据自己的判断行动，领导可以更坦率地承认自己不完美这件事。或者更进一步说，领导不要只想着对外展示自己有多强大。平时只想着炫耀自己能力的领导，一旦遇到什么困难，可能连个商量的人都找不到。

领导必须要有一个遇事可商量的对象。对于出云先生来说，您的联合创始人铃木先生和福本先生就是这样的存在。如果整个公司的员工都能这样就好了。

既然出云先生经常读我的书，那么不妨在公司内部分享一下如何？

"最近我读了这样一本书，发现自己的领导力还有待改善……"说自己的领导力"有问题"，是对自己的勇气的一种挫伤，所以用"有待改善"这样的说法比较好。

"因此，我想从今天开始改变自己和大家的相处方式，尤其是态度。希望大家多多指教。"

如果能说出这样的话，您和员工之间的关系就会发生很大变化。在接受有关亲子关系的咨询时，我也经常会给出类似的建议。比如，我会建议父母和孩子这样说："今天听了演讲之后，我意识到父母和孩子之间的关系也是平等的。表扬、批评的做法都是不对的。所以从今天开始，我想努力改善和你之间的关系，请你多多监督。"这样的话，如果父母还是习惯性地批评孩子，他们就会立刻指出来："爸爸，您又批评我了！"我认为这才是良好的亲子关系。

出云：是的。

领导稍微改变一点，下属就会发生很大的变化

岸见：在职场关系中，只要领导愿意稍作改变，哪怕是"不完全变化"，下属也会因此发生很大改变。而且越是年轻的下属，就越容易发

生改变。我们这一代人不习惯经常说"谢谢",脸上总是有勉强的表情。但是年轻一代的人却能经常毫不犹豫地对领导说"谢谢"。

出云: 这么说的话我突然觉得很开心,我们悠绿那内部已经是这样的氛围啦!

你看,现在我们使用的远程会议应用程序上的宣传海报,正在微笑的两位就是我们的员工山内和芦田。

在这次对话之前,我们刚刚开完公司的内部会议。这两个人作为岸见先生的忠实读者,毫不犹豫地指出了我的问题:"出云先生,您刚才是不是在表扬我们?不要表扬,请感谢我们吧!"

年轻人真的更容易接受新事物,成长起来也很快,看到这些我也觉得非常感激。今天与先生的对话让我意识到,虽然我自称熟读您的著作,可是一旦落到实践中去,这两位年轻人或许会走在我前面啊!

岸见: 就是这样,大家一起改变是最好的。

例如在夫妻关系的咨询中,如果只有丈夫或者妻子单方面来咨询,而且还打算付诸行动改变自己的话,往往会和"停在原地"的另一方关系更加恶化。就在前几天,一位妻子前来诉说自己的苦恼:她的丈夫认为妻子和自己的关系是"纵向"的,丈夫在上,妻子在下。可是在明白"夫妻之间的关系是平等的"之后,原来因为纵向关系而固定下来的生活习惯都要被颠覆,反而让这位妻子不知如何是好了——因为只有她自己想要改变。

在职场中也是一样,如果只有一个人想单方面做出改变的话,也会面临同样的困境。

出云：所以我和山内、芦田三个人的关系非常重要。如果我们三个人的横向关系能够作为典范在公司内部扩展开来，就会非常有意义。

岸见：应该会有其他员工监督你："社长接受了那些理念，说想要实践，可是最后好像没有实践呀！"

出云：不会的，我会实践的！

岸见：那今天先从期待开始吧，期待你和这两个年轻人一起做出改变。

出云：是的，谢谢先生对我的指导，真的觉得受益匪浅。而且我必须要说，我真的遇到了非常优秀的合作伙伴。还有一件事，我还想和先生"吹吹牛"：前几天在公司用完洗手间出来，一位清洁阿姨过来跟我搭话："你是这座大楼里那个悠绿那公司的社长吧？"因为她当时的语气很严肃，我心里还慌了一下："难道我要挨骂了吗？"结果她突然对我说道："哎呀，你的公司可真棒啊！"

她告诉我，我们公司的垃圾角总是很整洁，垃圾分类也做得非常仔细：饮料瓶的盖子都被取下来，外面的包装膜也撕好了，空的一次性餐盒也是被冲洗过才丢进垃圾桶的。虽然很多高管都会强调办公环境整洁的重要性，但其实大多数公司的卫生都搞得乱七八糟。"但是你们公司不一样，你的员工都非常优秀！"她说道。

听了这些话，我感到非常骄傲。我相信岸见先生也感受到了我们公司的员工素质和工作氛围了吧！

岸见：是的，的确能感受到。

我想出云先生是希望这个世界越变越好的，比如您想改变地球的生态环境。阿德勒也是一样，也希望这个世界越变越好，我也是如此。如果我们没有这样的信念，做着没有贡献感的工作，那不管身在哪个行业都会很无聊。

出云：没错。有很多优秀的伙伴加入我们公司，也是为了实现这份理想。我们一起克服了很多困难，度过了很多濒临破产的危急时刻。

不管是当下还是今后，我相信会有越来越多的年轻人渴望先生强调的"有贡献感的工作方式"。所以，今天我和先生的对话非常有意义，时机也刚刚好，非常感谢您。

第
六
章

与日本互联网公司KAYAC的
CEO柳泽大辅的对话（2020年
7月7日）：那些存在职权骚扰
的企业，都意外地更强大？

勇气的力量

"自我启发之父"阿德勒的领导课

柳泽大辅

KAYAC 公司 CEO。

1974 年出生于中国香港。在庆应义塾大学环境信息专业毕业后工作数年，于 1998 年与学生时代的好友创立 KAYAC 公司（又称"有趣法人 KAYAC"）。公司总部位于镰仓，主营业务有原创内容网站设计、智能手机应用程序开发、社交游戏开发和运营等。

著有：《有趣法人 KAYAC 公司介绍》（总统社）、《镰仓资本主义》（总统社）、《创意不是想出来的》（日经 BP 社）、《生活·转变：有趣法人 KAYAC 如何看待未来》（KADOKAWA）、《有趣法人 KAYAC 社长日记 2015—2020 珍藏版》（KINDLE 版）等。

柳泽：岸见先生主张的"民主领导力"和"仆人式领导"的理念非常相似。我们公司也倡导这样的管理方式，所以确实感同身受。尤其在读了先生的《停止表扬》之后，我找到了一种"嘴替"[⊖]的感觉。

⊖ 互联网新兴词汇，指那些替我们说出了内心真实想法的人。

小野：柳泽先生担任 CEO 的 KAYAC 公司，是在 1998 年与学生时代的三位好朋友一起创办的。以网页制作、网络服务为中心，广泛开展游戏开发和运营、广告制作等业务。他们自称"有趣法人"，组织内部独特的管理方式也非常引人注目。最有名的有"骰子津贴制度"：每月发工资之前，所有员工都会一起掷骰子。以出现次数最多的数字作为百分比，乘以员工的基本工资，算出的金额就是员工当月的"骰子津贴"。2014 年，KAYAC 公司在东京 MOTHERS 市场⊖上市。

作为 KAYAC 公司 CEO 的柳泽先生对岸见先生主张的"民主领导力"和"仆人式领导"都深表赞同。

柳泽：只是，先生主张的领导力，也就是"民主领导力"，和其他管理方式比起来会"更胜一筹"吗？

小野：柳泽先生想说的是，先生主张的"民主领导力"和之前的"仆人式领导"等理念，是否能争得过上情下达的"强权领导力"或者"军事化管理"？柳泽先生认为，"强权领导力"有可能打造出一个更强大的组织。实际上我也采访过一些业绩优异的公司，发现他们采取的管理方式是有一些职权骚扰倾向的。难道说这些推行职权骚扰的公司，都意外地强大起来了吗？

柳泽：我们这边的"民主领导力"属于一股新兴势力，但并不能说是很强的势力。发怒、批评、操控别人，这些方式的确过时了。可是从全世界范围来看，推广"民主领导力"的我们似乎属于"弱势群体"，

⊖ 东京 MOTHERS 市场是 Market of the high-growth and emerging stocks 的首字母缩写，是日本的创业板，于 1999 年 11 月成立。

并没有得到广泛认可。

　　岸见： 因为很多人在被领导批评之后收获了成长，所以被"只有批评才管用"的思路困住了。我在向管理者陈述自己一贯的主张时，经常会听到负面的回应："你这种管理方式太新潮了，我们跟不上。"

　　但是，我的主张是从阿德勒心理学中衍生出来的，并没有那么新潮。

阿德勒与铃木大拙、西田几多郎

　　柳泽： 阿德勒是什么年代的人呢？

　　岸见： 阿德勒出生于 1870 年。

　　柳泽： 距离现在 150 年。

　　岸见： 铃木大拙和西田几多郎也和阿德勒一样，出生于 1870 年，他们是同龄人。

　　这么说的话，其实阿德勒心理学并不是非常新潮，但也没有那么落伍。虽然阿德勒心理学的研究者尚在少数，但目前在世界范围内的实践者却非常多，尤其是在亲子教育方面——对于这一点，我也绝对不是一个纸上谈兵的人。

　　从人际关系的角度考虑，亲子关系与领导和下属的关系非常类似。在阿德勒心理学的帮助下，亲子关系得到改善、人际关系慢慢变好的人，也开始在职场上应用阿德勒心理学。如果能够实践出典型案例来，那么它也会在职场中大放光彩。这其实是一个过程，我相信在未来某个阶段阿德勒心理学会突然成为主流。

柳泽：原来是这样。我也相信会有这么一天。

我们公司在经营会议上遇到什么问题的时候，不会把焦点放在"问题本身"，而是探讨"自己应该以什么样的状态面对"。我们会根据那个问题，探讨引起大家焦虑、恐惧的根本原因是什么，我们会被什么动因驱使而做出某种行为，这是我们讨论问题的思路。

这样的探讨本身就是一种乐趣。

岸见：是的。

柳泽：当问题发生的时候，我们总是会先思考自己的做法有没有失误，然后会觉得很有收获，让我们产生"焕然一新"和"可以顺利推进"的喜悦，所以我们会把这些方法继续贯彻下去。这样即使遇到一些"难缠"的客户，我们也能从中获得学习经验，甚至对他们心怀感激。或许这也是一种幸福吧！

小野：不好意思，刚才您说在 KAYAC 内部开会时，遇到问题会先反思"自己应该以什么样的状态面对"，而且总会有所收获。您能展开讲讲这方面吗？

柳泽：假如某个部门的员工纷纷离职，我们就会探讨这个部门的领导是不是出了什么问题：为什么他的员工只能用离职来解决问题呢？大多是由于恐惧和不安吧？

如果发现领导的情绪管理有问题，经常对下属发脾气，我们会因此积累相关经验，这就是"顿悟时刻"。接下来我们会避免同样的问题再度出现。这就是我们的法则。

不知道这种做法是否正确，也不知道是不是适用于所有人，但我们公司却一直在坚持。

同样的问题一直持续，说明他本人是意识不到问题的存在的，那么这个问题就永远不会解决。总要有人先注意到问题才行，这对大家来说都很重要。

部门离职率高的原因究竟是什么？

小野：也就是说，在公司内部开经营会议的时候，您会直接问那位离职率高的部门的负责人："你们部门为什么经常有人辞职？"是这样的吗？

柳泽：如果他为此感到烦恼的话，那就很有必要一起讨论了。

岸见：原来如此。

柳泽：如果他为此烦恼，我们就要探讨烦恼的原因是什么。愤怒也是如此，如果这个领导经常发脾气的话，我们就要找到他难以控制情绪的根本原因是什么，比如他的内心当中是否深埋着某种恐惧？这其实就是一个解决问题的过程。

小野：也就是说，如果那位领导没有为团队离职率居高不下而烦恼，你也就不会和他展开讨论了？

柳泽：因为我们公司是没有"追责制"的。让犯错的员工承认并说："这是我的责任，对不起。"这样意义不大。我们会把关注点更多地放在"因此明白了什么"上面。如果那位员工能因此注意到一些之前没注意到的问题，与大家分享改进方案，我们反而会为他鼓掌喝彩。

小野：在贵公司的经营会议上真的发生过这样"鼓掌喝彩"的场面吗？

柳泽：有的，这些都是美好回忆。比如，有一次——虽然是很久以前了，但可以说说：

我们公司有三个联合创始人，一起见证了公司从零到一的过程。其中有一位属于"不求人"的类型，遇到什么困难都会自己埋头苦干。但是有一次，他突然发现"人是需要被他人帮助的"，并且在董事会上分享了自己求助于他人的经过。有那么一瞬间，在场所有人都为他鼓掌喝彩。

我们忍不住说道："你终于注意到这一点了啊！"

只有先注意到，改变才会发生

岸见：在没有注意到根本问题之前，改变很难发生。

来我这里咨询的人会诉说各种问题，比如："我家孩子不爱上学。"而且他们不觉得这个问题和自己有关，不停地强调学校有什么问题、社会有什么问题等。

但是，根本问题其实都在父母身上。

他们没有注意到这一点，所以咨询的过程真的很辛苦，我需要不停地引导他们走上正轨："孩子变成现在这样，根本原因到底在谁身上呢？"

但凡他们发现自己和孩子相处的方式有待改善，那就可以解决当前的困境了。柳泽先生说的也是这个意思吧？只有先注意到，改变才会发生。

承认问题并不意味着自己输了，也不是性格软弱的体现。如果公司有接纳这份坦诚的氛围，情况会越来越好。如果公司的成员无法信任彼此，他们也不会有坦诚的勇气。

公司应该培养这样的氛围：员工可以直言自己的恐惧，而且能够得到同事的帮助。

柳泽：如果把焦点放在问题本身，大家都在"寻找犯人"，这就不是一个能够坦诚的氛围了。每当公司出现什么问题时，作为领导的我总会先说："这件事首先是我的责任，现在我能做些什么呢？"以此为开端，大家也会逐渐进入探讨模式："啊，我觉得我也有问题，我觉得可以这样做……"

这种管理方法推行数年之后，我觉得自己受益匪浅，这也是公司文化的重要组成部分。当然，也并不是每次都能顺利进行，只能说总体而言还不错。

我觉得有些事可能跟日本文化有关系，大家会不知不觉地陷入"正义与邪恶"的较量之中。承认错误就说明自己是"邪恶"的那一方，工作就无法顺利推进。可是就算把自己归为"正义"的那一方，问题就能得到解决了吗？所以，我们还是灵活一些比较好，多想想自己能做什么，不要把别人放到自己的对立面。

岸见：我们不要把事情搞得太紧张、太严肃，我觉得这种氛围是很重要的。

问题总会不断发生。人生不会因为解决掉某一个问题而高枕无忧，下一个问题不久之后就会出现的。比如养育孩子：童年的问题解决了，青春期的问题还在等着我们。

但我们不能因此就一直处于紧张状态。虽然用"享受"这个词可能不太合适，但如果我们能明白，不管发生什么问题，身边一定有人可以帮忙一起解决，那么我们的人生会发生很大变化。

如果有问题发生的话，我们的确应该认真对待，不能嬉皮笑脸。但放大问题，让所有人紧张兮兮地找到一个"犯人"，这也是没必要的。最重要的是思考"今后应该怎么办"。当然，即使是管理者也很难给出所有问题的正确答案，所以阿德勒才鼓励我们要有"不完美的勇气"。一旦大家放松下来，愿意说出自己的心里话，改变就开始了。

从小就没有竞争意识的孩子，长大之后会变成什么样呢？

柳泽：是这样的。

现在我想换个话题：岸见先生是否定竞争的对吧？只是我在教育孩子的过程中会有一些困惑：如果不培养竞争意识的话，孩子长大之后会变成什么样呢？

我家有一个女儿和一个儿子，现在都是大学生了。他们小时候就读的镰仓幼儿园也采取了避免竞争的教育方式，连运动会都没有排名。

姐姐从那所幼儿园毕业后开始上小学。有一次学校举行运动会，姐姐参加了短跑项目。比赛开始后，姐姐笑嘻嘻地、悠闲地奔跑着，接受着大家的欢呼。但是她跑了一会儿好像突然明白了，这是一个让大家争夺第一名的比赛，然后姐姐开始加速奔跑，最后以第一名的成绩到达终点。弟弟从那所幼儿园毕业后，也参加了小学运动会的短跑项目。没想到从比赛开始直到结束，他都是笑嘻嘻、慢悠悠地跑向终点，一点加速的行动都没有。

此情此景让我不免想到：从小就没有竞争意识的孩子，长大之后会变成什么样呢？

小野： 是啊，这样真的好吗？

岸见： 听到这些我也想起了我儿子小时候的事。当时他的幼儿园举办了踩高跷跑步的比赛——当然，这是在监护人的陪伴下完成的。

儿子踩上高跷后就基本不会走路了，我还在想"这可怎么办"的时候，他已经牵着保育员的手慢慢跑向了终点。而另一边，一个女孩子踩上高跷后就"哒哒哒"地跑在最前面，但是很快就被后面的孩子超越了。接下来发生的一幕让人惊讶：她并没有追赶那些超越她的孩子，甚至放弃了奔跑。

工作的目的是得到结果。可是如果只把注意力放到与他人的竞争上，那么结果反而不重要了。如果不能拿第一名，甚至会产生放弃本职工作的念头——就像刚才说到的那个小女孩一样，一旦发现自己被超越就停止了奔跑。要是大家都这么做的话，公司的生产效率就会大幅下降。

外界都夸赞柳泽先生的公司能够很好地调动员工的积极性，但我认为这和鼓励竞争没关系。

柳泽： 确实没关系。我们倡导的是享受竞争的过程，而非结果。就像刚才说的那样，享受"注意到问题"的乐趣。

我对岸见先生主张的"民主领导力"深有同感。如果把管理者的价值定义为"引导大家走向胜利的人"的话，我认为是不正确的。

"没有工作意义但是收益很高的企业"存在吗？

小野：柳泽先生原本就不是一个以胜利为目标的人啊！

柳泽：如果拘泥于"胜利"的话，那不用采取"民主领导力"也能取得胜利。

小野：就是一开始提出的："那些存在职权骚扰的企业，都意外地强大？"

岸见：但是，如果工作不开心，大家很快就会失去干劲儿。

柳泽：是的。

小野：比如，如何评价那些高收益，但是员工并不快乐，觉得工作没有意义的企业呢？如果把工作意义放到第一位的话，或许大家都不会在这样的企业工作了吧！

岸见：我读了柳泽先生的几本著作，觉得您的一些想法非常有趣。比如在思考如何赢得竞争之前，要先考虑是否享受这份工作。

"拿着鞭子的老师"已经消失了

柳泽：人们的想法总是会在一百年、两百年的时光中慢慢变化吧？如果阿德勒活到现在，那也有 150 岁了。

岸见：在阿德勒生活的时代，教育工作者是可以拿鞭子抽打学生的。

柳泽：果然如此啊！时代在变化，我们现在已经看不到手拿鞭子的老师了。

岸见：在那样的时代里，阿德勒就已经在传播自己的民主教育理念了。虽然在当下看起来是理所应当的事情，但在当时是超出大部分人的常识的。从这个角度来看，阿德勒是个天才。

柳泽：那么先生"否定竞争"的理念虽然现在很难得到支持，但今后情况一定会发生变化吧？到那时，人们对于领导力的要求应该也有所改变吧？

岸见：我其实不太喜欢"生产效率"这个词，但是比起被强迫着工作的状态，自己积极主动工作，生产效率会更高吧！只做那些领导交代的工作，其他的一点都不做，生产效率是不会提高的。

柳泽：如果只完成领导交代的工作的话，好像很容易被 AI（人工智能）替代。

岸见：是这样的。

柳泽：AI 的确有很多人类无法战胜的功能，但人类也有很多工作是 AI 替代不了的，比如创新。我想对于领导力的要求也会在 AI 时代发生变化。

岸见：所谓创新，可能并不是长时间努力工作的产物。那些看起来并没有努力工作的人，经常会提出让人耳目一新的想法。如果一个人在工作时，旁边的人看不出来他到底是在玩还是在工作，我认为这其实是一种理想的工作方式。

柳泽：是这样的。

小野：在 KAYAC 公司内部，好像有很多这种"分不清是在玩还是在工作"的员工啊！

为了建立"独特的组织"选择了现在的行业

柳泽：KAYAC 公司覆盖的职业范围很小，员工基本都是创意工作者或者软件工程师。

能把自己的想法表达出来，对于创意工作者和软件工程师来说就像呼吸一样重要。既然招纳的是这样的人才，公司从创立伊始就会为他们量身打造组织结构和企业文化。

这有点像"鸡和蛋"的关系。最一开始我们考虑的就是"创建一个能调动大家积极性的组织"。如果大家喜欢在这里工作，把工作当成一种游戏，即使没有规章制度的约束，大家也会积极工作。我们就是带着这样的理念创立公司的。

岸见：很有趣啊！

小野：KAYAC 公司的主营业务是网页制作和互联网服务。柳泽先生一开始是想建立一个能调动大家积极性的组织，然后才选择了现在的互联网行业，是吗？因为互联网行业更容易建立您理想当中的组织？

柳泽：是的，这也是我们自称"有趣法人"的原因。

1998 年成立 KAYAC 的合资公司时，我们并没想好要投身于哪个行业。只是三个学生时代的伙伴聚在一起，约定要建立一个有趣的公司。所以我们把此前各自的经验写下来，抽签决定要做什么行业，最后我中选了。对于现在公司的主营业务，只有我算是在之前的工作中积累了一些经验，其余两个人要么是研究生刚毕业，要么就是在海外漂泊了很多年。

我们在"做什么"之前考虑的是"和谁一起做"，想要打造一个独特的组织，所以创建了这样一个只有创意工作者和软件工程师的公司。

不过我们能回到刚刚的话题吗？我想探讨"以训斥的方式使对方服从"这件事。

小野：请您继续说吧！

柳泽：在竞技体育的世界里，有很多非常恐怖的"斯巴达式教练"[⊖]。我小时候遇到过一个足球教练，他对我们的训练方式除了打就是骂，现在想想还是觉得很讨厌。当今社会反对职权骚扰已经成为主流，所以这样的教练越来越少了。

那么在竞技体育的世界中，最后胜出的是"斯巴达式教练"，还是"反斯巴达式教练"呢？

岸见：斯巴达式的训练有较强的即时效果。与此相反，阿德勒提倡的注重培养自主性的教育／领导力，需要耗费的时间很长。用训斥来吓唬他们，让他们不得不卷入竞争，把自己逼入绝境，可能很快就会见到成果了。但从长远来看，这样的做法并不能打造一个强队。

　　⊖　"斯巴达式教练"是"斯巴达教育"的衍生词汇，指通过严格的体育或军事训练，把年轻人培养成国家打仗需要的战士。——译者注

　　所以"斯巴达式教练"一定会有占上风的时候。但是时间一长，总会有无论如何逼迫也无法取胜的运动员出现。回顾日本竞技体育的历史，我们也会明白这一点。"你一定要拿金牌！"如果一直被如此逼迫，运动员就无法享受比赛的过程。而且一旦输了就必须谢罪，那么圆谷幸吉[⊖]选手的悲剧还会再次上演。

　　柳泽先生希望自己的公司是"青色组织"（Teal），一些实行"军事化管理"的组织或者"家族企业"属于斯巴达式的组织。

　　小野：弗雷德里克·拉卢的《重塑组织》的日文版（日文版书名为《青色组织》，铃木立哉 译／英治出版）于 2018 年在日本出版发行，一度受到很多管理者的好评。柳泽先生在博客中阐述自己的见解时，也会引用一些书中的观点。我们摘录了其中的一部分：

　　《重塑组织》的作者主张，任何组织（公司）都会随着时代发展而进化，这个过程可以分为以下几个阶段：

- 狼型组织。
- 军队型组织。
- 功能型组织。
- 家族型组织。
- 青色组织。

　　如果要概括这本书的核心内容的话，那就是：组织也是有进化形态的，越早进化的组织越能在下一个时代中独占鳌头。这的确是非常吸引

　　⊖　圆谷幸吉（1940—1968），因为无法获得奥运金牌而自杀谢罪的长跑运动员。死前留下遗书："我累了，再也跑不动了。"——译者注

人的观点，但是管理者们也没必要拘泥于此。

总结一下：青色组织并不一定是之前那些组织类型的进化形态。管理者要根据自己组织的特点，找到合适的管理方式。

岸见：提到竞技体育界的教练们，还有刚才说到的"家族企业"，我突然想起来：甲子园[⊖]的教练们会把队伍里的运动员称为"孩子们"。可是他们大多数都是高中生了，被称"孩子们"多少有点奇怪，至少应该是"同学们"吧？但如果称呼"孩子们"，说明教练有打造一个"家庭型组织"的意图。不过我觉得这样的做法还是没办法打造更强的队伍。

追求 GDP 的资本主义已经遇到了天花板

柳泽：原来如此。

如果问刚才为什么会提到竞技体育，因为体育也算是一种游戏，是分胜负的。大家都为了赢而拼命努力着。所以一旦发现批评他人"赢不了"的话，人们就会选择表扬的方式。

也就是说，在竞技体育界，民主领导力和强权领导力是很容易分出胜负的。

如果放在商界，竞技体育中的胜负就变成了"销售额"与"利润"。其结果就是推动 GDP（国内生产总值）不断增长。

但是，只追求 GDP 的资本主义已经遇到了天花板。相信很多人已

⊖ 甲子园的全称为"阪神甲子园球场"，位于日本兵库县西宫市甲子园町，也是日本每年春、夏两季举办全国高中棒球联赛时的指定球场。——译者注

经注意到了：全球环境污染日益严重，贫富差距不断扩大，这些现象都与一些国家只追求 GDP、企业只追求销售额和利润有关。

也就是说，与竞技体育不同，在商界，只把销售额和利润当作唯一目标的观点已经开始动摇了。

岸见：的确如此。

小野：在以销售额和利润为目标的竞争中，或许强权领导力更能发挥优势。但是现在很多企业已经开始怀疑了：难道和体育竞技一样，单纯地追求"赢得比赛"就可以了吗？

柳泽：所以，岸见先生是怎么看待这个问题的呢？

我有一个朋友，几乎是被父母打骂着长大的。他在进入一家公司工作后，遇到了一位职权骚扰非常严重的领导。在同事们都受不了的情况下，只有这位朋友觉得"跟我父母比差远了"，所以依然能继续正常工作。

不挨骂怎么能成长呢？

岸见：很多家长觉得，如果孩子小时候没挨过骂，将来长大了怕是很难适应社会，所以选择用批评和训斥的方式来教育孩子。

柳泽：他们的想法是："不挨骂怎么能成长呢？"

岸见：我认为必须习惯挨骂的观念是错误的。因为很多人自己从小是挨着批评长大的，所以觉得这是正常现象。但其实根本原因是：他们不知道还有别的更好的教育方式。如果这种观念不改变，职场中的职权骚扰现象就不会好转。

如果孩子从小是被父母以平等观念教育着长大的话，即使在进入社会后遭遇职权骚扰的领导，也能做到平心静气地看待："领导总是习惯对我破口大骂，这是他的个人素质问题。"他们不会因为职权骚扰而陷入自我怀疑，或者留下心理阴影。

柳泽：这是自信的体现啊！

小野：但是为什么有些人会因为领导破口大骂而留下心理阴影，甚至从此一蹶不振呢？

岸见：当然，我们不能说这些人"软弱"。

小野：那么，为什么有的人能够忍受那些总爱发脾气的领导，而有些人却无法忍受呢？区别到底在哪里呢？

岸见：不如换个角度思考：是什么原因导致那些领导总是爱破口大骂、乱发脾气呢？从小被父母以平等观念教育着长大的孩子，其实更理解这些人的心理，所以才不会为此受伤。

不被职权骚扰影响的人，拥有发达的"元认知"

柳泽：能够客观地看待一位职权骚扰的领导，说明这个人的元认知很发达。

岸见：是的，阿德勒用"价值降低倾向"来解释这些职权骚扰者的心理。不努力提高自己的价值，而是通过贬低别人来提高自己的价值，这就叫作"价值降低倾向"。

有这种倾向的人心里明白，在阿德勒所说的"第一战场"，即做好本职工作的地方，自己的能力是欠缺的，所以只能把下属卷入"第二战场"。再比如那些学校里的"小霸王"，放学后把同学拉到体育馆的角落里威胁，就是因为他们在"主战场"——也就是学业上无法展示自己的能力。为了不被他人看穿自己无能，就要找到一个和主业无关的"第二战场"，在其中贬低他人的价值，这样自己的价值就相对提高了。

所以，职权骚扰者基本都是无能之辈。

从小就有平等意识的孩子，长大之后也会明白这一点的。那些乱发脾气、总爱破口大骂的人都是无能之辈，那么他们说的话也没必要往心里去。

柳泽：原来如此。不过不管怎么明白平等意识，如果是那些还很年轻、没什么阅历的员工的话，真的能理性地看待那些职权骚扰的领导吗？

岸见先生认为，"生气"和"批评"在本质上是相同的。作为领导，生气是没必要的，那批评下属就更没必要了。

但是有一种情绪叫作"义愤"，也就是出于正义感的愤怒，这种愤怒应该跟平常所说的生气是有区别的吧？

岸见：的确是有区别的。

我们要把"私愤"和"公愤"区别开来。所谓"私愤"就是字面意义所表达的那样，是"我个人的愤怒"。父母批评孩子，领导训斥下属，这都属于私愤。

"公愤"是出于道义和理性，判断某件事"很离谱"。现在社会上有很多能引起"公愤"的事，比如领导强迫下属隐瞒企业的不正当行为，或者强迫他们撒谎。如果下属对这样的事情感到愤怒的话，这种情绪就属于公愤。

遇到这种事情的时候，你就应该发挥"被讨厌的勇气"。这是基于正义的愤怒，生气也是应该的。

不过即使是"公愤"，如果只会发脾气的话，问题也得不到解决。你必须采取沟通的方式，向对方指出事情不合理的地方。所以"公愤"也好，"义愤"也罢，都是可以理性对待的。

柳泽：的确如此。但是"公愤"和"私愤"从表面看似乎很难区别，容易让一些别有用心的人偷换概念吧？

如果生气了，就说"对不起"

小野：柳泽先生也有过对员工发火、训斥他们的时候吗？

柳泽：还是有的，而且还不少。现在回想起来深感抱歉。在发火的那一瞬间，其实我不知道自己是出于"私愤"还是"公愤"，所以才问了刚才那个问题——人处在愤怒状态中真的很难分辨"私愤"和"公愤"。

岸见：这件事需要训练。

所谓的训练，不是压制住自己的愤怒，而是在生气的时候有所察觉。你可以问自己几个问题："我真正想表达的是什么？""我希望对方做什么？"然后你就会发现比愤怒更有效的方式。如果只是发泄情绪的话，双方都不愉快，问题也得不到解决。当你学会用理性的语言来表达自己的诉求时，愤怒就是不必要的情绪了。注意到这一点，让自己别像往常那样发脾气，其实这个过程用不了多久。

这种训练的本质，就是学会用更好的方式替代愤怒。这和压制愤怒的做法是有区别的。第一步很简单，就是在生气的时候，用语言将"我现在正在生气"表达出来。

我儿子小的时候，有一次居然笑着说"好烦啊"。他当时想表达的是："你现在说的话让我觉得很烦。"他知道用语言表达自己的情绪，而且还能做到不生气地表达，连我也忍不住笑了。

如果领导忍不住要对下属发火，试着用语言表达出来："现在的你让我感觉很生气。""我觉得非常难过。"用语言来表达情绪，是将自己从情绪中解放出来的第一步。

相信柳泽先生已近注意到，如果忍不住发脾气了，事后向员工道歉也是很重要的。如果认为发完脾气就过去了，什么也不做，那会造成无法挽回的后果。及时反省自己的错误，第一时间道歉，这也是一个巨大的进步。能够认错的领导，一定可以和下属建立良好的互信关系。

柳泽：我也遇到过一些不擅长道歉的人，他们是怎么回事呢？

岸见：因为他们认为道歉就是输了。

柳泽：不擅长道歉是因为胜负欲太强啊！

大家只是同事关系，输了又怎样呢？

岸见：是这样的。那些执着于胜负的人其实只关心自己的感受，缺乏阿德勒所说的"共同体感觉"。

其实大家只是同事关系，输了又怎样呢？我们的目的是为公司这个共同体做出贡献，如果能达到这个目的，那自己输了也无所谓。如果达不到目的，那就道歉。但是，对于自尊心很强、只关心自己的人来说，道歉就是承认自己的失败，而失败的感觉会让他们难以忍受。如果有这样的员工存在，对公司来说是非常不幸的。

柳泽：我认为那些不道歉的人，其实内心真实的想法是"错不在我"。他们没意识到自己有问题，当然就不会道歉。

岸见：的确是这样的。

柳泽：不把道歉看成"罪孽深重"的表现，才能更轻松地道歉吧。

岸见：领导要起到模范带头作用。从一开始就要求下属养成道歉的习惯是不可能的，领导要先做出表率。而且在业务进展不顺利的时候，领导要有撤回的勇气。

所谓撤回，就是承认自己判断有误。如果领导先做到这一点，那么职场的风气会大为改观。日本人的确不擅长此道。就像哲学家鹤见俊辅说的那样，我们会被"武士的正义感"束缚，一旦开始就不能停止，必须一条路走到黑才行——这是日本人的坏习惯。

小野：刚才说到了"自信"这个话题：即使遭受职权骚扰也不会受到太多影响的人，是真正自信的人。但是一直认为"自己绝对正确"也不行，真正的自信和发现错误时撤回的勇气，两者都要具备。

岸见：是的。

柳泽：也就是说，虽然很自信，但也知道自己看到的并不是完整的世界；虽然相信自己，但也可以承认他人的正确性。

小野：听起来很难做到啊！如何平衡好这两点，对下属和领导都很重要。

柳泽：那么先生认为该如何培养这种能力呢？

岸见：新冠肺炎疫情发展到现在，所有管理者都遇到了前所未有的挑战，几乎没有任何前例给我们参考，所以管理者有时要做一些史无前例的事。

在这种情况下，犯错的风险也大大增加。领导既要有"我们应该这样做"的决断力，也要做好为可能发生的失败而道歉的准备。这个度的确非常难把握，只能在实践中体会。

柳泽：原来如此，我明白了。

"好厉害"的门槛降低了

小野：话说回来，柳泽先生是"表扬型"的领导吗？

柳泽：这真是个好问题。我被问住了。

小野：因为听您说过跟生气有关的事：有时会忍不住发脾气。那么您平时会不会表扬下属呢？

柳泽：我应该不怎么表扬别人，所以先生倡导的"不表扬"这件事对我来说并不难。明明没觉得有什么，非得夸赞对方"好厉害"，这种话我是说不出口的。而且，我也不希望用表扬的方式操纵对方。

虽然没有刻意地控制自己，但是年轻员工的确这么说过："柳泽先生似乎从来不表扬别人。"可见这件事是真的。

世界范围内恐怕有很多企业正在推行"表扬式管理"，我和他们比起来，基本上是两个极端了。

对于表扬这件事，我是持保留意见的——我没法说它是好还是坏，只是我做不到用表扬的手段去操控别人。

在看到一件真正了不起的事物时，我也会忍不住赞叹："好厉害！"可是见到一些平平无奇的事物，旁边还有人夸赞"好厉害"的话，我会觉得"好厉害"的门槛真的降低了。当然，这些只是我自己的观点而已，可能并不客观。

岸见："好厉害"的门槛降低了，这是件好事。

柳泽：如果我们把范围扩大的话，很多事情都配得上一句"好厉害"的夸赞。不以单一的价值观判断，而是能够建立多元化的判断标准的话，"好厉害"的门槛的确会降低。实际上，我们有趣法人 KAYAC 也在践行这一理念。

小野：KAYAC 以建立一个承认多元化价值观的组织为目标，公司内部实行的薪酬制度和人事评价体系就能体现这一点。

柳泽：KAYAC 的员工薪酬由三方面因素决定：领导评价、员工互评，还有"运气"。

小野：由"运气"决定的那部分，就是"骰子津贴制度"。每月发工资之前，所有员工都会一起掷骰子，以出现次数最多的数字作为百分比，再乘以员工的基本工资，算出的金额就是员工的"骰子津贴"。这部分津贴会和当月的工资一起发放。

柳泽：之所以建立这样的制度，是因为我们觉得任何人在评价他人时都难以做到公正客观。既然如此，我们就把"老天爷"也当成评委之一吧！

只要你有一点突出的、特别的优势，不管是哪方面的都可以，在KAYAC 都会得到"好厉害"的称赞。虽然这个门槛很低，但是对于那些追求低调、平凡，什么都不想突出的人来说，这个氛围就有点残酷了。

录用那些"承认欲"较低的人

岸见：但是当你们说"好厉害"这样的话的时候，要考虑听者是怎么理解这句话的——不管柳泽先生或者其他同事说这句话是出于什么心理，如果听者觉得"这是在表扬我"，那很有可能会出现问题。

比如，有的父母看到小孩子第一次站起来的时候，会说"好厉害"。在这样的时刻，即使父母并不打算表扬孩子，孩子也会理解成为表扬，然后就会为此感到压力。因为现在站起来的行为获得了表扬，那么下次就会要求我"走起来"才可以吧？为了回应父母的期待，孩子就会努力练习走路。可是在这个过程里万一遇到什么挫折，走得不顺利，那孩子就会很容易放弃练习，因为觉得自己无法回应父母的期待。

柳泽：确实有可能啊！

岸见：所以在说出"好厉害"之后，如果可能的话，要尽量寻求听者的反馈，试着了解对方听到这句话之后有什么样的感觉。

也许有人会觉得，每说一句"好厉害"就得和对方确认："你现在听了这句话有什么感觉呢？"这样做是不是太麻烦了？即使做不到每次都问，但一定要有获得反馈的行动，不然你会变得越来越自以为是。

明明不觉得很厉害却夸赞对方厉害，如果希望以这句夸赞来推动对方的成长，这也是一种操控心理，因为领导没有把下属放在平等的位置上。这也是我主张"不表扬"的原因，不管是领导和下属的关系，还是其他人际关系，这一点都是适用的。

柳泽：我也顺着这个话题说下去。我们公司本来就会优先录用一些"承认欲"比较低的人。

岸见：这一点很重要啊！

柳泽：我不知道是否应该用"承认欲"这个词来形容那些拼命渴求自己被周围人认可的人——对于这种类型的人，我们在招聘时会尽量避开。不管怎么说，我们要打造一个希望用自己的行动来帮助他人的组织。

岸见：和"承认欲"比较强的人交往会很累，因为他们一切行动的目的都是渴望得到他人的认可。而和那些"自给自足型"的人相处就很轻松了，不管是否得到他人的认可，他们只要完成自己的工作就会感到充实。

柳泽：两者的区别就像"从零到一"和"从零到一百"一样，前者渴望转折性的突破，后者安心于日积月累。其实，面试时很难看清一个人是否有"承认欲"，或者说有多少。

岸见：但是柳泽先生还是要在面试时仔细观察啊！您在自己的书中也表达过：比起"做什么"更看重"和谁一起做"，所以招聘环节对贵公司来说一定非常重要。而且如果在现实中真的遇到"不表扬就不干活"的员工，那是非常麻烦的。

如果感到自己生气了，那就说"谢谢"

柳泽："如果真的有人需要我表扬的话，那就表扬一下呗！"我是这么想的。

岸见：那可不行。柳泽先生现在谈到的"表扬"，在我看来是"关注对方的贡献，然后说点什么"的行为，这和高高在上的表扬是不一样的。

柳泽：是这样的。

岸见：用语言表达自己关注到了对方的贡献，这和表扬是两码事——意识到这二者的区别是很重要的。柳泽先生应该也很重视表达感谢吧？

但即使是"谢谢"这个词，如果领导在说出口时是别有用心的，那么下属也会将其视为表扬，而且会慢慢养成"听不到'谢谢'就不工作"的习惯。这种类型的员工和不表扬就不工作的员工一样，会给公司带来不小的麻烦。所以，下属会不会把你说的"谢谢"视作表扬，也是需要你确认的。

柳泽：在我看来，说"谢谢"是会让自己心态越来越好的举动。不是为了让对方心情变好才说"谢谢"的，而是觉得自己正在变得越来越好。即便遇到让我生气的人，我也会反思"自己是否有问题"，然后怀着这样的心情说"谢谢"。所以，养成表达感谢的习惯，也是一种自我提升。

岸见：没错。即使遇到了让人感到意外的人或者事，也会得到学习的机会，所以要表达感谢；即使下属失败了，作为领导的我们也会因此获得经验和教训，能够为避免再犯同样的错误做好准备，所以我们依然要表达感谢。以这样的心态使用"谢谢"这个词，才是正确的方式。

"不像领导的领导"即将成为主流

柳泽：这二十多年来，我一直从事企业经营的工作。我的身份的确是一个领导，但好像没有那种"领导的感觉"。比如，在学生时代担任社团部长、班委、学生会会长这样的人才算有领导的感觉吧？我觉得自己和他们完全不一样。

但是读了岸见先生的著作之后我明白，时代在变化，领导的形象也在发生变化，我这样的领导其实已经越来越多了。"像领导的领导"已经成为过去时，"不像领导的领导"即将成为主流。我认为岸见先生一直都是支持这种变化的。

但是，怎么证明我的观点是正确的呢？我的确体会到了这种变化，但是好像很难用客观的方式证明它。

岸见：刚才和柳泽先生探讨了"青色组织"的相关话题。组织进化有五个阶段，最先进的形态就是完全没有等级概念的"青色组织"。但是对于当下的日本来说，最先进的企业也还是停留在"家族型组织"的阶段，完全没有达到"青色组织"的标准。虽然这个概念比较新，但我认为它和一百五十年前出生的阿德勒的目标是一致的。

说到"领导"这个词，大家联想到的还是"坚强""伟岸"这样的形象。如果组织真的进化了，这些领导形象也是会跟着改变的。

领导不需要存在感

柳泽：现如今，对领导的要求也会发生变化吧？

岸见：柏拉图认为，那些强烈渴望成为政治家的人，如果真的成为政治家，反而会造成很多麻烦；自己没有什么成为政治家的欲望，但是周围的人都希望他承担这份责任，这样的人就职后才可能成为优秀的政治家。

我认为对于领导来说也是一样的道理。领导的责任很重，但是那种超凡的魅力和存在感对领导来说不是必备资质。甚至可以说，领导不需要有什么存在感。

我们在现实中会遇到"部门离了他就不转"的那种领导，这不是一个好领导该有的样子。不管他在不在，部门都能正常运转，这才是好领导的标准。而这样的领导是不需要存在感的。

柳泽先生觉得自己是这样的领导吗？

柳泽：我也不知自己是不是，不过这种观点我还是很认同的。

岸见：或许您认可这样的领导，但是不确定这样的领导形象是否是未来的趋势，是这样吗？

柳泽：因为对我来说，如果岸见先生主张的"民主领导力"和"传统领导力"只能二选一的话，那我会选"民主领导力"，原因是我个人很喜欢这种领导方式。

如果有一天，"民主领导力"成为主流，大家是为了跟随趋势才选择了这种管理方式，那我们才算真正强大起来了吧。

不过话说回来，为了让大家都能成为优秀的管理者，要提前进行领导力培训。这对整个社会的发展都至关重要。

岸见：听说柳泽先生的公司里是有"高管集训营"的？

小野：有关"高管集训营"的介绍，我将一些来自 KAYAC 官网上的信息摘录如下：

高管集训营一年举办两次。

全体员工都要参加，一起认真探讨公司的业务。

软件工程师、设计师、部门主管等全体员工都要放下手头工作，参加这场"未来 KAYAC 社长"的集训，思考公司的业务发展。

针对 KAYAC 的制度、今后的愿景等主题，将所有员工分成小组进行头脑风暴。每个队伍要派出代表，在集训的最后一天汇报讨论结果，优秀的团队可以获得奖金。

这是 KAYAC 非常重视的企业活动之一。因为人们在忙碌的日常工作中很难思考问题，所以至少一年要有两次认真思考问题的时间，这就是"高管集训营"的意义。

世界的发展是螺旋式上升的

岸见：受到新冠肺炎疫情影响，世界会发生很大变化；并且新冠肺炎疫情的"余震"也会不断出现。

柳泽先生在自己的著作中也引用过黑格尔的话："世界的发展是螺旋式上升的。"即使新冠肺炎疫情结束，很多人不再居家办公，而是回到了以前正常通勤的日子，但这并不意味着一切都恢复如初，因为远程工作给我们留下了难能可贵的经验。

社会的变化就像钟摆一样，先走到一个极端，然后再走向相反的另一个极端，然后再慢慢回归到中间的位置。就像黑格尔"正反合"的辩证法理论一样。领导力的变化也是如此，看起来没有变化，实际上一直在变化。这是我的看法。

柳泽：我也赞同您的观点。今天跟您聊完了以后，我感觉很多困扰我的问题被解开了，非常感谢。今天我们只能线上聊天，希望能向先生当面请教的那一天早日到来。

岸见：我也希望我们早日相见。

附　录

附录 A　阿德勒心理学与哲学、管理学的关联

岸见先生本人是非常讨厌"生产效率"这个词的。但是，如果从企业管理层面出发，又不能忽视生产效率方面的问题。

"企业的生产效率和个人的幸福感可以并存吗？"在本书的第二部分，岸见先生和一起交谈的创业者们也探讨了这样的问题。

在和三位创业者结束交谈后，我和先生也有了重新思考"生产效率"的契机，因此就把思考的结果记录在这里了。

岸见先生是一位哲学家和阿德勒心理学研究专家，他主张的领导力理念与近年来在管理学界兴起的概念有很多相似的地方。

比如，管理专家吉姆·柯林斯（Jim Collins）就从实际经验出发，指出管理者不需要有超凡的"领袖魅力"。

1994 年，吉姆·柯林斯与杰里·波勒斯（Jerry Porras）所著的《基业长青》（山冈洋一 译 / 日经 BP 社）一经出版便成为超级畅销书。本书的内容是两位作者长达六年的研究成果，其中揭示了"基业长青的公司"和"没有达到这一水平的普通公司"之间的真正区别。

在本书当中，两位作者也指出，那些基业长青的公司的管理者都是

"没有领袖魅力的领导者"。这个观点也给人们留下了深刻的印象。

"有创意、有美好愿景的领导者，做的是'报时'的工作；而领先于时代，甚至能穿越无数生命周期，持续经营一家繁荣企业的领导者，做的是'造钟'的工作。"真正优秀的领导者不是"报时"的人，而是"造钟"的人，但他们不需要有超凡的领袖魅力。

2001 年，柯林斯在《基业长青》第二版中提出了"第五级领导者"的概念。真正在商界中扮演中流砥柱角色的人，都属于"第五级领导者"，他们既能做到极度谦逊，又有着强烈的职业意志。

岸见先生也是持有相同观点的：优秀的领导者不需要有存在感。

另外，正如本书一开始所说的那样，目前管理学界流行的很多观点，比如"仆人式领导""授权""心理安全性"等概念都与先生的观点不谋而合。

"仆人式领导"是罗伯特·格林利夫（Robert Green leaf）在 1969 年提出的概念，指的是像"仆人"一样，愿意为团队服务的领导角色。

管理学专家兼咨询顾问肯·布兰佳（Ken Blanchard）在 20 世纪 80 年代中后期开始了组织扩张的推进工作。他在与斯宾塞·约翰逊（Spencer Johnson）共著的《一分钟经理人》当中指出，所谓"授权"，就是管理者为员工创造能激发他们自律工作的力量。

附录 B　心理安全性的前提是平等的人际关系

"心理安全性"是组织行为学专家艾米·埃德蒙森（Amy Edmondson）于 1999 年提出的概念。她在自己的著作中指出，心理安全性是一种"大家都能做自己，敢于毫无顾忌地发表自己意见的文化氛围"。

埃德蒙森认为，心理安全性对组织的良性运转至关重要。如果大家处在心理安全的氛围中，就不会担心自己被"报复"，也不会觉得不好意思说出自己的想法，尤其是注意到问题的时候。一个企业的心理安全性越高，局面就会越好。首先，错误在发生时可以得到纠正，以免事态无法挽回；部门间的壁垒会被打破，从而使大家一起集思广益、各自贡献好的创意成为可能。在当下的不确定性时代，心理安全性是所有组织都不能忽视的课题。

打造一个具有心理安全性的组织，和岸见先生心目中理想领导应该发挥的价值基本一致。

领导和下属是平等关系，没有任何一方能够被压迫，彼此之间坦诚相待，这不就是一个充满心理安全性的氛围吗？如果领导和下属能够建立这样的关系，那么生产效率和幸福感是可以并存的。

埃德蒙森指出，心理安全性变得越来越重要，原因是当下推动企业增长的是一群充满创意和想法的人，他们是"知识工作者"[⊖]。

所谓的知识工作者，不是一群只会完成命令的人，而是善于动脑思考工作的人。从 20 世纪开始，知识劳动者的数量不断增加；而进入 21 世纪后，几乎找不到和知识劳动者无关的工作岗位了。为了让知识劳动者提高生产效率，企业才不得不重视心理安全性这个课题。那么，我们应该怎么对待"生产效率"呢？

我再次询问了反感"生产效率"一词的岸见先生。先生说，不仅是领导和下属的关系，而是所有的人际关系都不能用生产效率来衡量。所谓的生产效率，重点放在一个人的"行为"带来了多少价值这件事上。但是，人类的价值并不在于行为，而是"存在"本身。比如，在职场中取得业绩是理所应当的事情，可是对于那些一时没有取得业绩的年轻下属，难道领导就要放弃与他们建立良好关系这件事了吗？此时，领导更应当信任他们、培养他们才对吧？如果生产效率是衡量职场人际关系的硬指标，那么管理者的眼界就会狭窄，领导和下属的关系也会恶化。

基于这些原因，岸见先生才非常反感"生产效率"这个词。

⊖　"知识工作者"一词最早由管理大师德鲁克提出，他与"手艺工作者"相对。——译者注

附录 C　生产效率与创造性

领导力、管理学都是为了提升生产效率而存在的学问，但岸见先生却更愿意从人们的幸福感出发探讨领导力，这是为什么呢？

社会心理学家艾里希·弗洛姆将"生产效率"和"创造性"看作同义词。

1900 年出生的弗洛姆和 1909 年出生的德鲁克可以说是同一时代的人了。

"生产性"这个词，对应的英语单词是 productive，弗洛姆认为它和 creative（创造性）几乎是一个意思。而 productive 的词源是拉丁语的 product-，意思是"前进"。

提到"生产性"，很多人都会想到"生产具体的实物"。但是从词源来看，从内心当中产生的感性的想法，也可以视为"生产性"。从这个角度考虑，把"生产效率""生产性"这些词替换为"创造力""创造性"会比较好。

如果把所谓的"生产效率"理解为"人际关系带来的创造力"，这样就好懂一些了。从这个角度来说，要想让员工有创造力，心理安全性就是必不可少的条件。

如果一个企业总是否定年轻人的观点，那么员工的创造性会大幅降低；但如果年长者过于在意自己在年轻人心中的形象，有话也不敢说，那这也不是一个激发创造性的氛围。所以，大家不要在意是"谁说的"，而是在意一个人"说了什么"，这是非常重要的。

这里也必须提到阿德勒所说的"不完美的勇气"。即使是领导也会出错。如果发现自己做错了，那就勇于承认，急流勇退。同样，领导也不能用完美的标准来苛责下属。领导要让下属明白，即使犯错也没关系。这样的话，下属也不会要求领导必须是完美的、从不出错的。

记住这几个关键词：平等、创造性、不完美。

在探讨过生产效率之后，本书在这里将现代领导者应当发挥的作用概括为：营造幸福的工作环境，让员工在感受到工作的价值与意义的基础上，充分发挥创造性。

如果领导和下属之间能够建立平等关系，那么团队的创造性会更高，大家也能在工作中体会到幸福。

这是阿德勒心理学、哲学和管理学相结合之后产生的领导力理念，希望它能帮助到更多的人。

结　语

在过去的职场中，领导训斥下属是一件理所当然的事情。可是这种行为一旦被命名为"职权骚扰"的话，发生的概率就大幅下降了。

哲学家三木清曾经这样说过："习惯是传统的东西，把习惯打破的就是流行的东西。"（《人生论笔记》）这里三木清所说的"流行"是"新想法"的意思。

传统习惯中没有抵制职权骚扰的意识，而"职权骚扰"一词的出现，让领导训斥下属的行为不再理所当然。

这种打破传统的新想法真的太好了。现在还有人认为生气和批评是两码事，以大声训斥的方式来指导下属仍然是很有必要的。如果他们能够意识到职权骚扰会给他人造成困扰，即使不能完全改正，也会在下次想大吼大叫前有所犹豫。

也有很多人可以理解批评下属是不对的，因为把握不好的话很容易变成职权骚扰。但是，他们还是认为职场中的人际关系是纵向的，领导是可以表扬下属的。

为什么传统很难被改变呢？因为这是"内部的东西、旧的模板"（《人生论笔记》），把从前领导的做法沿袭下来是比较容易的。于是，所有成为领导的人都会模仿上一任领导的习惯。

但是，长期延续的习惯会随着时代变迁而逐渐僵化，甚至成为弊病。三木清说过，打破那些传统习惯的事物是流行的东西，也就是说新的想法总是会出现的。流行的事物属于"外部的东西、崭新的东西"（《人生论笔记》）。那些早已习惯传统管理方式的管理者一时不能接受也是正常的。

当然，新的想法不一定都是正确的。说到"流行"，人们也会提到"过时"这个词。有的新事物即使能被接受，也会很快被遗忘。如果要用某种新的观点替代从前的习惯，这是需要验证的，是需要智慧来判断的。所以三木清也说："习惯是自然的，而流行是知性的。"（《人生论笔记》）

本书的理论基石是阿尔弗雷德·阿德勒开创的个体心理学。这些理念在欧美地区也被认为是新想法，据说领先于时代至少半个甚至一个世纪。

阿德勒曾经说："把支配者和被支配者的观念从脑海中踢出去，意识到人与人之间是完全平等的，至今仍然很难做到。但是，有这种意识已经是进步了。"（《性格心理学》）

平等关系应该是人际关系中理所应当的状态，阿德勒的主张也并不是一时的流行。很多愿意接受"领导和下属关系平等"的人已经用亲身实践获得了良好的人际关系体验。

但是真正实现人与人之间完全平等，"至今仍然很难做到"，这一点和阿德勒所处的时代相比似乎没有变化。但我认为第二次世界大战后出生的我们，比阿德勒更接近人人平等的时代，我们都有改变这个世界的责任。

墨索里尼的称号是 Duce，希特勒的称号是 Führer，两个词都对应他们各自母语中"领导者"的意思。每当我说"领导者不需要超凡的魅力，也不需要有强大的力量"时，我都会想起这些独裁者的嘴脸。

领导是要做出决策的人，这些决策往往伴随着责任。有的下属觉得遵照领导的指示执行工作会比较轻松，这样的下属往往不愿意走向管理层；有的下属觉得自己一直是听话的执行者，那么当他们走向管理岗位的时候，很有可能会成为支配欲很强的领导。

在本书中我一直强调："民主领导力"的前提是下属和领导的关系平等。有的人从来没有经历过平等关系，所以"平等"一词对他们来说，就像在炎炎夏日里想象身处寒冬时的感觉。阅读这本书的你是否明白什么是真正的平等？但不管怎样，你可以通过阅读本书了解平等关系的重要性，并且开始思考自己在人际交往中该如何行动，用阿德勒的话来说："有这种意识已经是进步了。"

岸见一郎

2021 年 11 月